DETLEF ORLOPP

Kunstverein Heilbronn

SNOECK

Detlef Orlopp

Überall splittern unsre Gesichtszüge

partout nos traits éclatent

Inhalt / Content

Detlef Orlopps gefrorene Zeit

Das Eis hat ein Narbengesicht. Es hat Furchen in seiner Lederhaut. Haare wachsen darauf wie auf einem Männerarm, millionenfach vergrößert. Der Blick in die Ferne gleicht einer mikroskopischen Nahaufnahme. Und dann wieder diese verschwenderische Weite. Ein informelles Gemälde breitet sich aus, weiße Kreide auf Schwarz.

Auf seinen Gletscher-Wanderungen erntet Detlef Orlopp, was er später in der Dunkelkammer zur Reife bringt. Kameras machen keine Bilder, sie konservieren nur Zeit als Licht auf einer Emulsion. Erst auf dem Fotopapier entsteht daraus in seiner Dunkelkammer das eigentliche Bild.

Nach fast sieben Jahrzehnten verfügt Orlopp hier über eine einzigartige Nuanciertheit in der Zeichnung. Es gibt Seestücke von ihm – wie jenes, das am 18.8.1977 im griechischen Angolikos Kolpos entstand –, deren dichte Linienstrukturen wie mit feinstem Bleistift aufgetragen wirken. Aber nichts läge dieser Fotografie ferner als die Imitation bildnerischer Techniken. Im Gegenteil: Was sie fortschreibt, wird oft zu Unrecht für die alleinige Domäne der Malerei gehalten – die unendlichen Spannungsfelder und Wirkungsräume einer abstrakten Wirklichkeit.

Vielleicht musste die Fotografie erst die Abstraktion entdecken, um wieder einen eigenen Blick für die Natur zu finden. Kameras machen keine Bilder, man muss sie ihnen zeigen. Wer also nach einem abstrakten Ausdruck in diesem Medium sucht, geht dahin, wo man so etwas finden kann. Detlef Orlopp entdeckte das bereits als er mit 17 Jahren, 1954, ernsthaft zu fotografieren begann und sein erstes, semiabstraktes „Seestück" einfing.

Tatsächlich waren es im 19. Jahrhundert Landschaften gewesen, die überhaupt erst die Befreiung von Farbe und Form ins Rollen brachten, aus der später die abstrakte Kunst geboren wurde. In den spontanen Ölskizzen der Romantiker, den Bergdarstellungen Paul Cézannes und den Seerosen-Variationen Claude Monets. Ebenso war es ein Landschaftsbild Casper David Friedrichs „Der Mönch am Meer", das Heinrich von Kleist zu seiner vielzitierten Metapher über das Erhabene in der Kunst finden ließ: „... da es, in seiner Einförmigkeit und Uferlosigkeit, nichts, als den Rahm, zum Vordergrund hat, so ist es, wenn man es betrachtet, als ob Einem die Augenlider weggeschnitten wären."

Über jede von Orlopps abstrakten Landschaften ließe sich das gleiche sagen. Auch wenn sich der Fotograf als Wanderer darin bewegt haben mag, ist er für uns unsichtbar, und es ist auch nicht sein Blick, dem wir nachspüren, sondern wir betreten das autonome Bild, das er geschaffen hat – nicht anders als einem Barnett Newman, Mark Rothko oder Franz Kline. Wenn er seine Fotografien zu Triptychen gruppiert wie in dieser Ausstellung wird dieser Eindruck noch gesteigert und sie streifen ihre topographische Verortung vollends ab.

„Ich bin ein Porträtist", sagt er. „Ich gehe mit der Landschaft um wie mit einem Porträt. Und für mich gibt es radikal nichts Totes, für mich lebt alles. Der Fels hat etwas Erratisches. Die Temperaturunterschiede bringen so unterschiedliche Bilder eines Bergmassivs hervor. Das friert, das friert an, das taut auf, das bröckelt, das trocknet."[1] Es ist gefrorene Zeit, archiviert und betitelt nach der Datierung. Und zugleich durch die Komposition in ein Schwingen versetzt, das den leidenschaftlichen Musikliebhaber verrät. „Es gab keinen Monat in den vergangenen fünfzig Jahren", erklärt er mit Blick auf seine Notizbücher, „in denen ich kein Konzert besucht habe, meist Jazz oder die WDR-Reihe ‚Musik der Zeit'".[2] Ein Album des Pianisten Hank Jones erschien mit einem seiner Seestücke als Cover. Schon eines der ersten Porträts des 19-Jährigen von 1956 zeigt Percy Heath, den Bassisten des Modern Jazz Quartetts.

Als Orlopp, der 1945 aus dem ostpreußischen Wohnort Saalfeld am Ewingsee ins westfälische Siegen gekommen war, die Kunst für sich entdeckte, dominierte die abstrakte Malerei. Zugleich erlebte die dokumentarische Fotografie eine Blütezeit realistischer Weltvermittlung. Landschaftsbilder standen dagegen unter Kitschverdacht, und wer sie trotzdem sehen wollte, kaufte sich am besten eine Kinokarte. Die populärsten Genres waren nicht umsonst Heimatfilm und Western.

Die ersten bekannten Bilder des 17-Jährigen zeigen bereits einen hohen Abstraktionsgrad mit Mehrfachbelichtungen und expressiven Lichtreflexionen („Straßenpflaster") oder fein nuancierten Rauchwolken („Ein siegerländer Hochofen"). Es ist das denkbare Gegenteil des Siegener Alltags, wo er seit 1952 Lehrling in einem Fotografenatelier war. In Köln findet er 1955 eine etwas anspruchsvollere Ausbildungsstätte an der Höheren Fachschule für Fotografie. Bereits ein Jahr später aber kann er sie eintauschen für ein Studium bei Otto Steinert in Saarbrücken. Als Steinert 1959 eine Professur an der Essener Folkwangschule aufnimmt, begleitet ihn Orlopp, nun Werkmeister – bevor er selbst 1961 seine vier Jahrzehnte dauernde Lehrtätigkeit in Krefeld aufnehmen wird.

Vielleicht fand er in Steinerts künstlerischem Mitarbeiter Kilian Breier, der ihn nach seiner Ankunft in Saarbrücken mit Herzlichkeit empfing, seinen eigentlichen Mentor. Breier, später im Umfeld der Zero-Gruppe aktiv, begnügte sich nicht mit semiabstrakten Wirklichkeitsfragmenten, sondern setzte das Fotopapier etwa direktem Lichteinfall aus; ähnliche Experimente hatte auch Orlopp bereits unternommen.

Es muss für Orlopp noch einen weiteren, wenn auch leiseren Befreiungsschlag gegeben haben, als die Flucht aus den spießigen Ausbildungsstätten gewerblicher Fotografie. Vielleicht liefert das wenig bekannte Foto „Rosenmontagsumzug (Clown)", 1958 in Saarbrücken entstanden, dazu einen Schlüssel. Ein kostümierter Karnevalist „begrüßt" den Fotografen überschwänglich und verleitet diesen dazu, das spontane Bild ebenso unbewusst wie glücklich zu verwackeln.

Das Ergebnis ist das Glück des Zufalls, die perfekte Unschärfe. Und so begrüßt auch diese Aufnahme ihrerseits einen Ausbruch – den aus der ordentlichen Dingwelt. Nicht für die Dauer einer Fastnacht sondern für mehr als sechs Jahrzehnte. In den Semesterferien reiste Orlopp erstmals in die Berge, schließlich entdeckte er dort die Gletscher, neben Gewässern das Motiv seines Lebens. Im Arrangement als Triptychon – die in dieser Ausstellung gezeigten Beispiele sind Premieren – wird dieser Eindruck noch gesteigert. Die Fotografien streifen ihre topographische Verortung vollends ab. Die Kamera selbst sieht nichts, sie konserviert lediglich den Augenblick des geschulten Sehenden. So wie der Clown, den Heinrich Böll sagen ließ, er sammle Augenblicke.

Die Faszination des menschlichen Blicks bestimmt auch die bis heute fortgeführte Reihe der En-face-Porträts; wie die Landschaften sind sie gleichermaßen analytisch wie in gewisser Weise schwerelos. 1969 schrieb Orlopp in einem lyrischen Text: „augen die augengeradeaus blickfeld fern / augen direkt durch ins innere durch das äußere da außen".[3]

Jede Fotografie ist eine Momentaufnahme, auch wenn sie wie Orlopps Gletscherbilder beim Betrachtenden mitunter ewige meditative Stimmungen anzuschlagen scheinen. „Ewig" und „Eis" – das erschien einmal als geborenes Wortpaar. Wenn Orlopp zurückkehrt zu den Orten der Gletscher, die er fotografiert hat und auf Geröllwüsten blickt, erlebt er wie kurz so ein Moment der Fotografie tatsächlich ist. Was hier stirbt, besitzt in Orlopps Fotografien die Lebendigkeit menschlicher Physiognomie. Eine Metapher, ähnlich dem Gedicht „Der Gletscher" („Le glacier") von André du Bouchet, das Detlef Orlopp entdeckte – und damit auch – in den letzten beiden Zeilen – den Ausstellungstitel:

Ich nähre mich von einem Steinfeuer
ich entsage
es ist eine Hand
eine ausgestreckte
in der Luft
Du siehst sie an
als hättest du sie von mir
überall splittern
unsre Gesichtszüge.

Je m'alimente d'un feu de pierre
je renonce
il y a une main
tendue
dans l'air
tu la regardes
comme si tu la tenais de moi
partout nos traits
éclatent.[4]

1 Detlef Orlopp. „Die Erde: Ein immerwährendes Sagen". Über Erkenntnisprozesse des Auges und die Zeichenhaftigkeit der Landschaft. Ein Gespräch von Herbert Kopp-Oberstebrink und Judith Elisabeth Weiss. In: Kunstforum International, Bd. 298, S. 170–183, 180.
2 Telefongespräch mit dem Autor, 20.1.2024.
3 Detlef Orlopp, GESICHTER im übrigen ABER. In: Durch Fotografie denken. Christina Irrgang und Detlef Orlopp im Gespräch. Argobooks, Berlin, o. J. [2022].
4 André de Bouchet, Vakante Glut/Dans la chaleur vacante: Gedichte. Übersetzt von Paul Celan, Suhrkamp, Frankfurt am Main, 2020, S. 31–35.

Daniel Kothenschulte

Detlef Orlopp's Frozen Time

The ice has a scarred face. There are furrows in its dermis. Hair grows on it like on a man's arm, magnified a million times over. The view into the distance resembles a microscopic close-up. And then again this abundant expanse. An informal painting unfurls, white chalk on black.

On his glacier hikes, Detlef Orlopp harvests what he later brings to fruition in the darkroom. Cameras don't take pictures, they only preserve time as light on an emulsion. It is only in his darkroom on photographic paper that the actual image is created.

After almost seven decades, Orlopp has achieved a unique level of subtlety and nuance in his markings. There are his seascapes – such as the one taken on August 18, 1977 in the Gulf of Argolis – with dense line structures that appear as if drawn with the finest of pencils. But far be it from this photography to imitate artistic techniques. On the contrary: what it perpetuates is often erroneously considered to be entirely the preserve of painting – the infinite dynamic fields and domains of an abstract reality.

Perhaps photography first had to discover abstraction to again be able to develop a distinct eye for nature. Cameras don't take pictures, they have to be shown to them. Anyone looking for abstract expression in this medium therefore goes to wherever they can find it. Detlef Orlopp discovered this in 1954 when, as a seventeen-year-old, he began to be serious about photography and captured his first semi-abstract "seascape".

In fact, during the nineteenth century, it was landscapes that first set the ball rolling for the liberation from color and form, which would later give birth to abstract art. In the spontaneous oil sketches of the romanticists, in Paul Cézanne's depictions of mountains, and in Claude Monet's variations on water lilies. Similarly, it was a landscape painting, Casper David Friedrich's "The Monk by the Sea", that inspired Heinrich von Kleist's much-quoted metaphor about the sublime in art: "... since it has, in its uniformity and boundlessness, no foreground but the frame, it is as if one's eyelids had been cut off."

The same could be said about each of Orlopp's abstract landscapes. Even though the photographer as a wanderer may have moved through them, he remains invisible to us, and it is not his gaze that we follow, but rather we enter the autonomous image that he has created – not unlike that of a Barnett Newman, Mark Rothko or Franz Kline. When he groups his photographs into triptychs, as in this exhibition, this impression is further intensified and they completely shed their topographical localization.

"I'm a portraitist," he says. "I treat the landscape like a portrait. And as far as I'm concerned, there's nothing dead at all, for me everything is alive. There is something erratic about rock. Differences in temperature bring forth such different images of a mountain massif. This freezes, that solidifies, this thaws, that crumbles, that dries."[1] It is frozen time, archived and titled according to the date. All the while set in an oscillating motion by the composition that tells of the passionate music lover. "There hasn't been a month in the past fifty years," he explains, with a view to his notebooks, "when I didn't attend a concert, mostly jazz or the WDR series 'Musik der Zeit'"[2]. An album by pianist Hank Jones was released with one of his seascapes on the cover. One of his first portraits from 1956, when he was just nineteen, shows Percy Heath, the bassist of the Modern Jazz Quartet.

When Orlopp, who in 1945 had come to Siegen in Westphalia from his East Prussian hometown of Saalfeld am Ewingsee, discovered art for himself, abstract painting was the dominant practice. At the same time, documentary photography flourished in its realistic depiction of the world. Landscape paintings, on the other hand, were deemed to be a bit tacky, and whoever wanted to see them anyway had best buy a movie ticket. Not surprisingly, the most popular genres were 'Heimatfilme', sentimental films with regional backgrounds, and Western movies.

Already the first known images by the seventeen-year-old show a high degree of abstraction with multiple exposures and expressive light reflections ("Straßenpflaster") or finely nuanced clouds of smoke ("Ein siegerländer Hochofen"). This seems quite contrary to his everyday life in Siegen, where he had been an apprentice in a photographer's studio since 1952. In Cologne in 1955, he finds a somewhat more sophisticated training facility at the Höhere Fachschule für Fotografie. Just one year later, however, he is able to swap this for a course of studies under Otto Steinert in Saarbrücken. In 1959, when Steinert is appointed professor at the Folkwangschule in Essen, Orlopp, now a master workman, accompanies him – before he embarks in 1961 on four decades of teaching activities in Krefeld.

Perhaps he found his true mentor in Steinert's artistic collaborator Kilian Breier, who welcomed him warmly after his arrival in Saarbrücken. Breier, later active in connection with the artist group Zero, was not content with semi-abstract fragments of reality. Instead, he would for instance expose the photographic paper to direct light; Orlopp too had already undertaken similar experiments.

There must have been another, albeit quieter, moment of liberation for Orlopp than his escape from the rather conventional training centers of commercial photography. A key to this may be found in the little-known photograph "Rosenmontagsumzug (Clown)", taken in Saarbrücken in 1958. A costumed carnival performer "greets" the photographer in an exuberant manner, prompting him to unwittingly as much as felicitously blur the spontaneous image.

The result is serendipity, the perfect blur. And so this photograph likewise heralds an escape – from the ordinary world of things. Not just for the duration of a carnival, but for more than six decades. During semester breaks, Orlopp traveled to the mountains for the first time, where he eventually discovered the glaciers, which, along with bodies of water, would become the motif of his life. When he groups his photographs into triptychs – the examples shown in this exhibition are premieres – this impression is further enhanced. The photographs completely shed their topographical localization. The camera itself sees nothing, it merely preserves the moment as seen by the trained observer. Much like the clown whom Heinrich Böll had say that he collected moments.

The fascinating nature of the human gaze also defines the series of en-face portraits, which continues to this day; like the landscapes, they are in equal measure analytical and in a certain sense weightless. In 1969, Orlopp wrote in a lyrical text: "eyes the eyesstraight-ahead field of vision far / eyes straight into the in through the out there outside".[3]

Every photograph captures a moment in time, even if some, like Orlopp's glacier images, seem to evoke eternal meditative moods in the viewer. "Eternal" and "ice" – this once seemed like a natural pair of words. Upon returning to the locations of the glaciers he has photographed, while gazing at deserts of rock and gravel, Orlopp experiences how brief such a moment of photography truly is. That which is dying here bears, in Orlopp's photographs, the vitality of human physiognomy. A metaphor, similar to the poem "Deep Freeze" ("Le glacier") by André du Bouchet, which Detlef Orlopp discovered – and thus also – in the last two lines of the German translation – the title of the exhibition:

I am fed on fire from stones
I deny myself
there is a hand
outstretched
straining
in midair
you get its look
as if you took it from me
our features everywhere
break out.[4]

Je m'alimente d'un feu de pierre
je renonce
il y a une main
tendue
dans l'air
tu la regardes
comme si tu la tenais de moi
partout nos traits
éclatent.[5]

1 Detlef Orlopp, "Die Erde: Ein immerwährendes Sagen". Über Erkenntnisprozesse des Auges und die Zeichenhaftigkeit der Landschaft. Ein Gespräch von Herbert Kopp-Oberstebrink und Judith Weiss. In: Kunstforum International, vol. 298, pp. 170–183, 180.
2 Telephone conversation with the author, 1/20/2024.
3 Detlef Orlopp, GESICHTER im übrigen ABER. In: Durch Fotografie denken. Christina Irrgang und Detlef Orlopp im Gespräch. Argobooks, Berlin, n. d. [2022].
4 André du Bouchet, "Where Heat Looms", transl. David Mus, Sun & Moon Press, Los Angeles, 1996, pp. 21–22.
5 André de Bouchet, Vakante Glut / Dans la chaleur vacante: Gedichte. Transl. by Paul Celan, Suhrkamp, Frankfurt/Main, 2020, pp. 31–35.

Daniel Kothenschulte

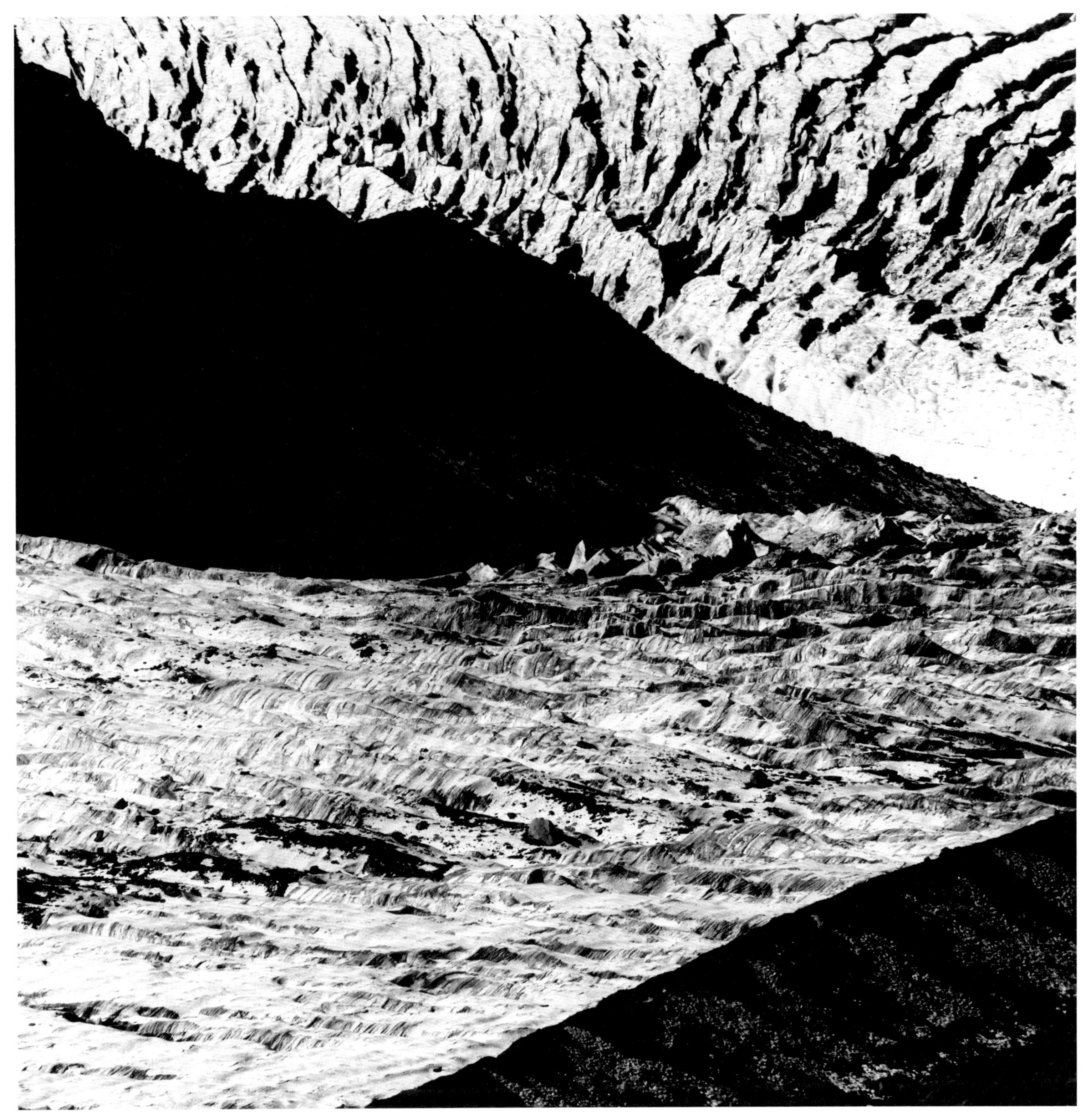

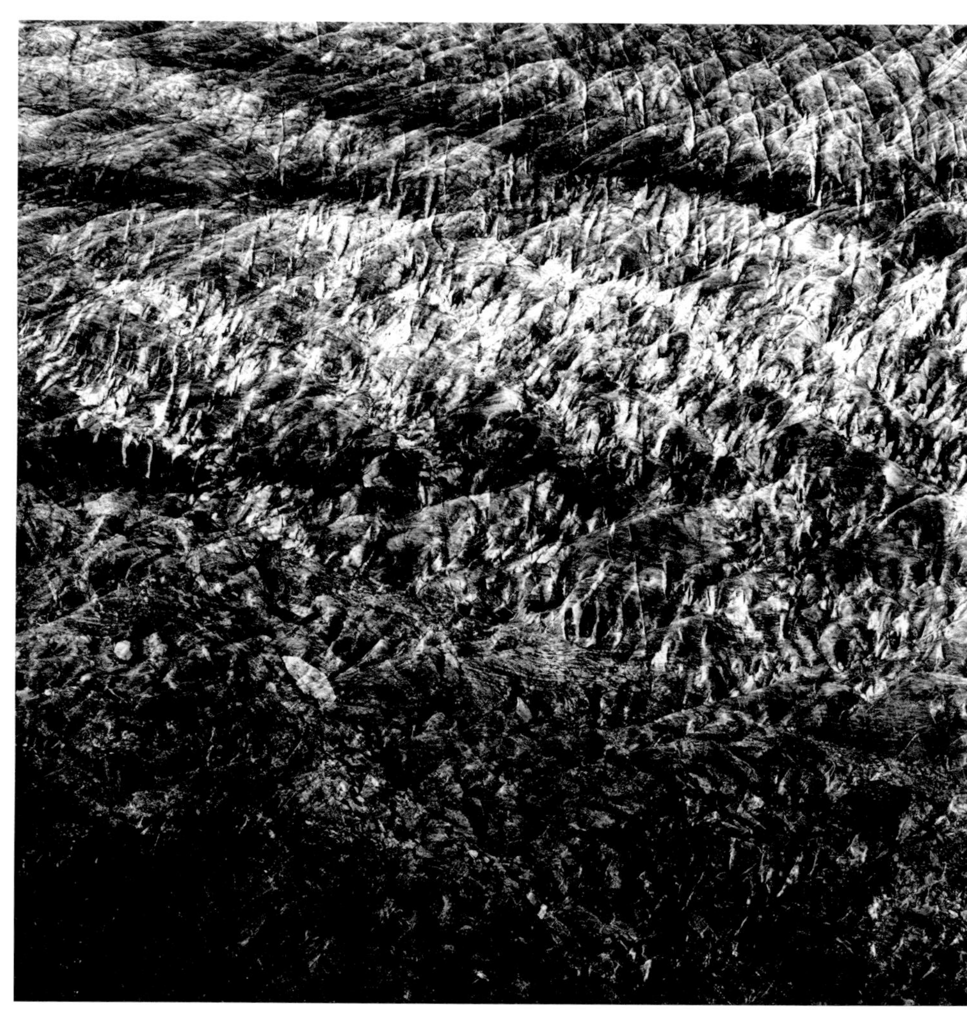

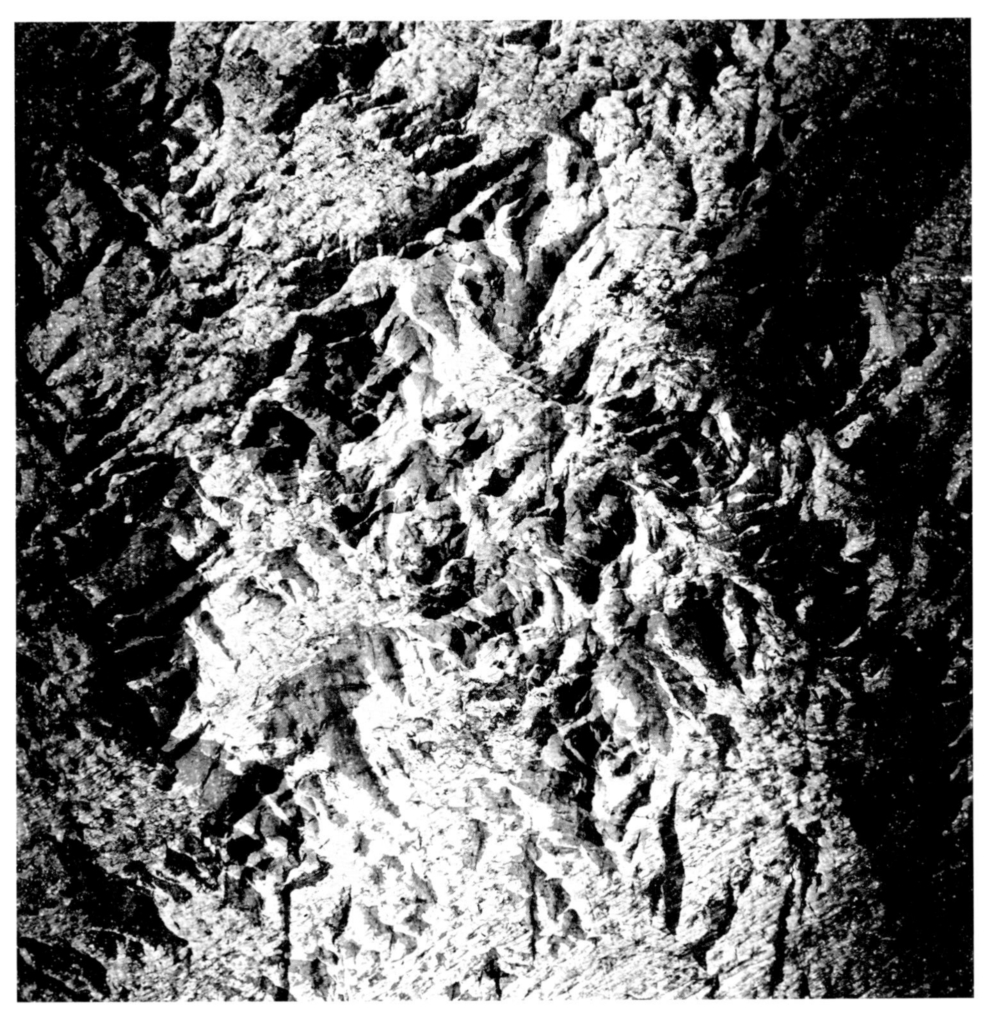
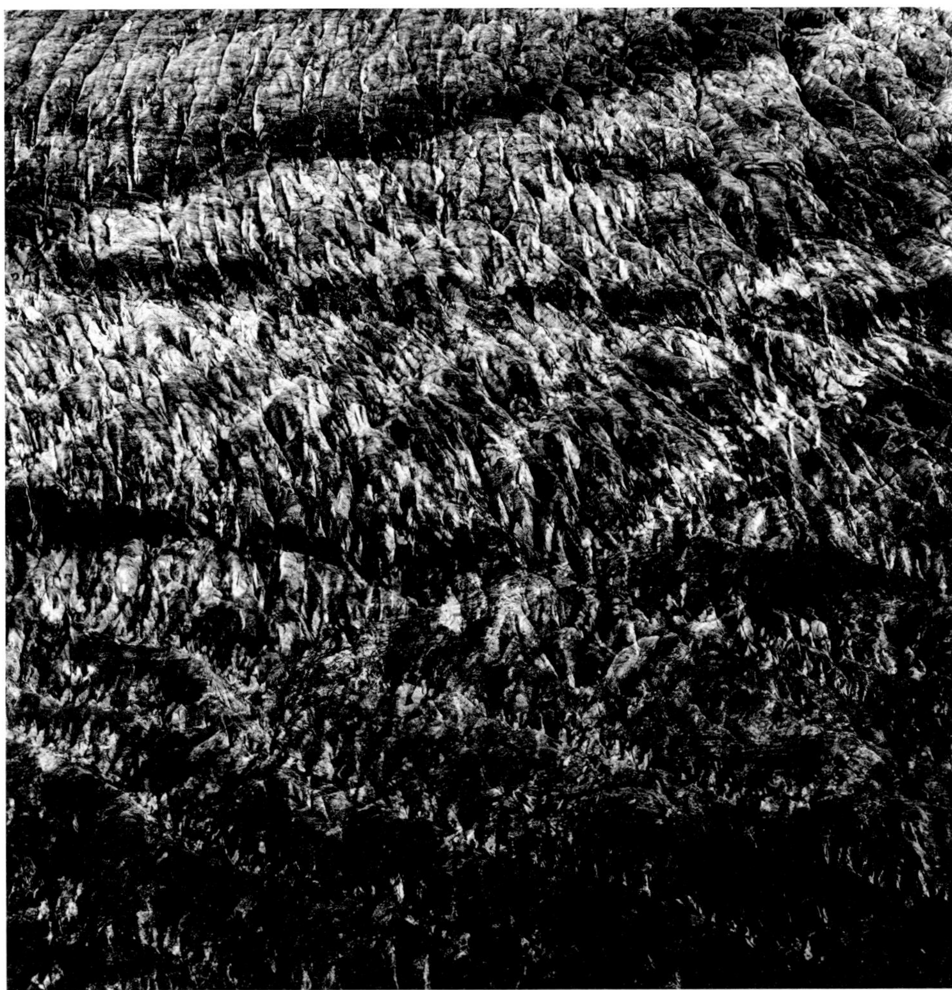

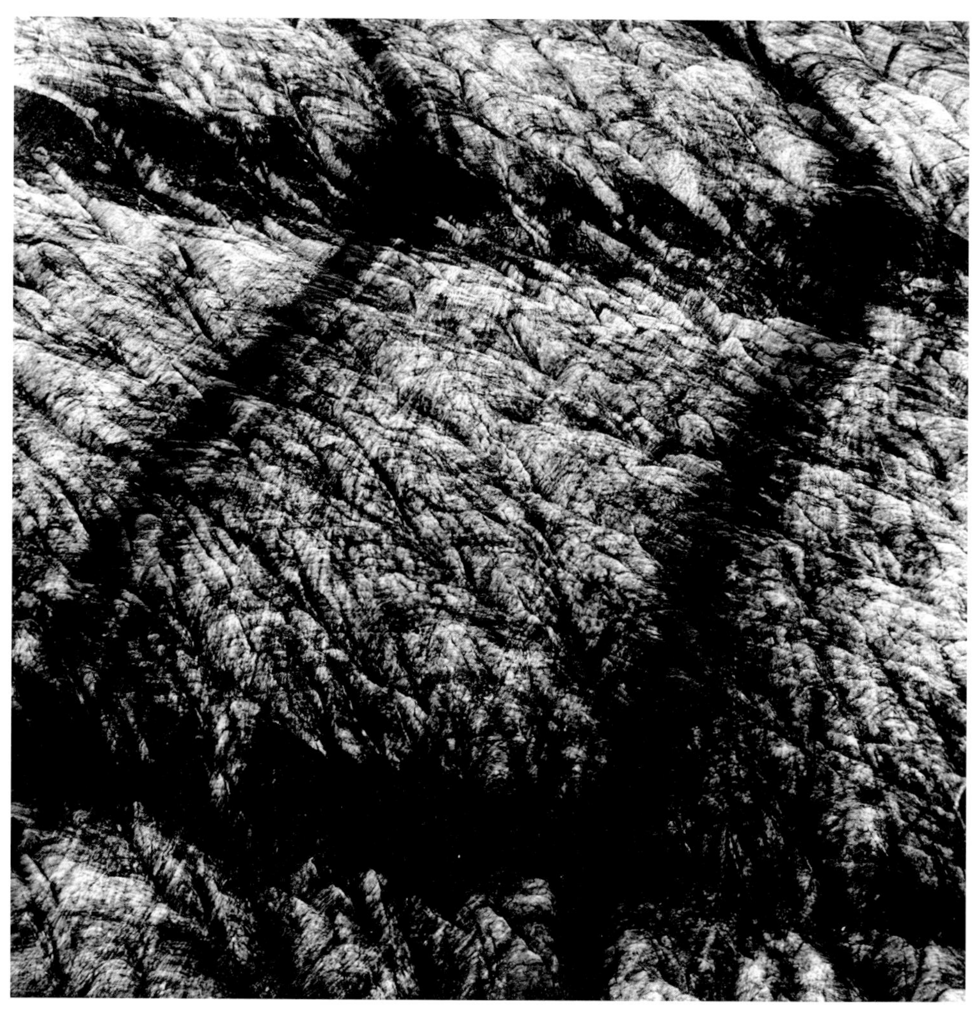

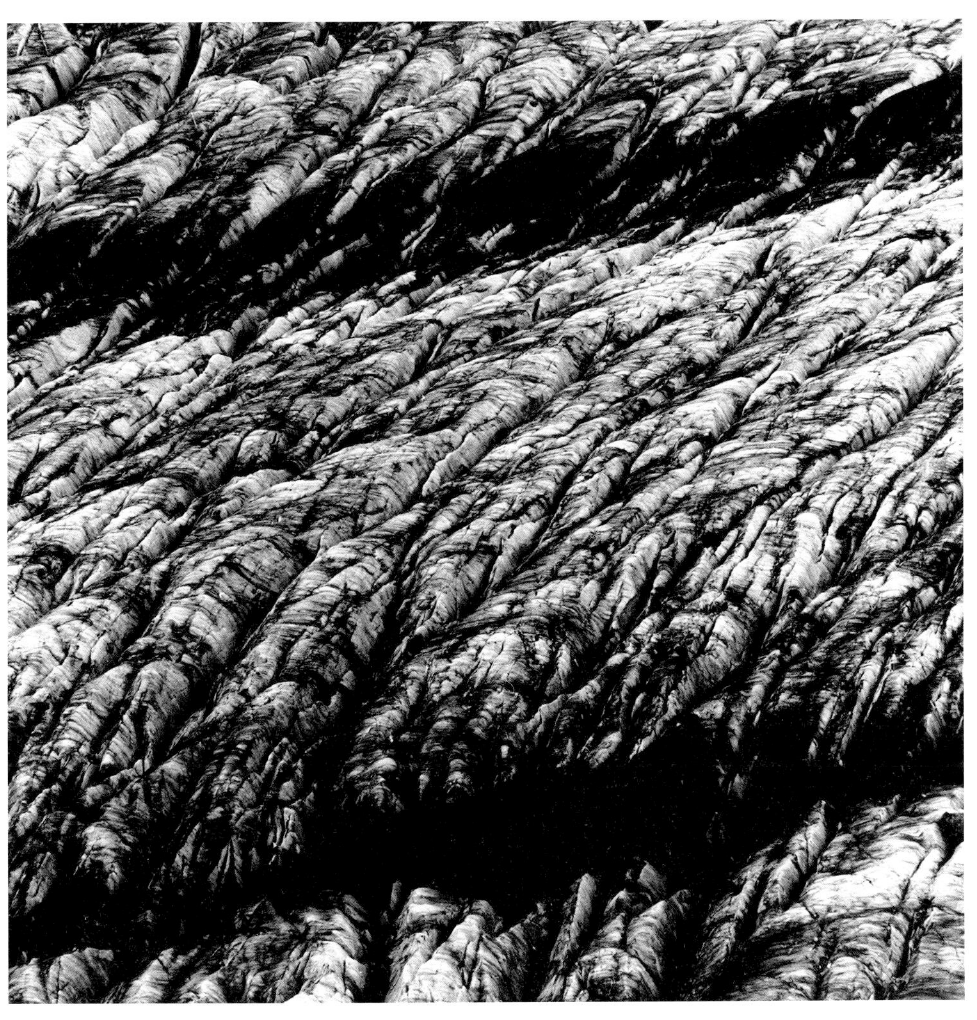

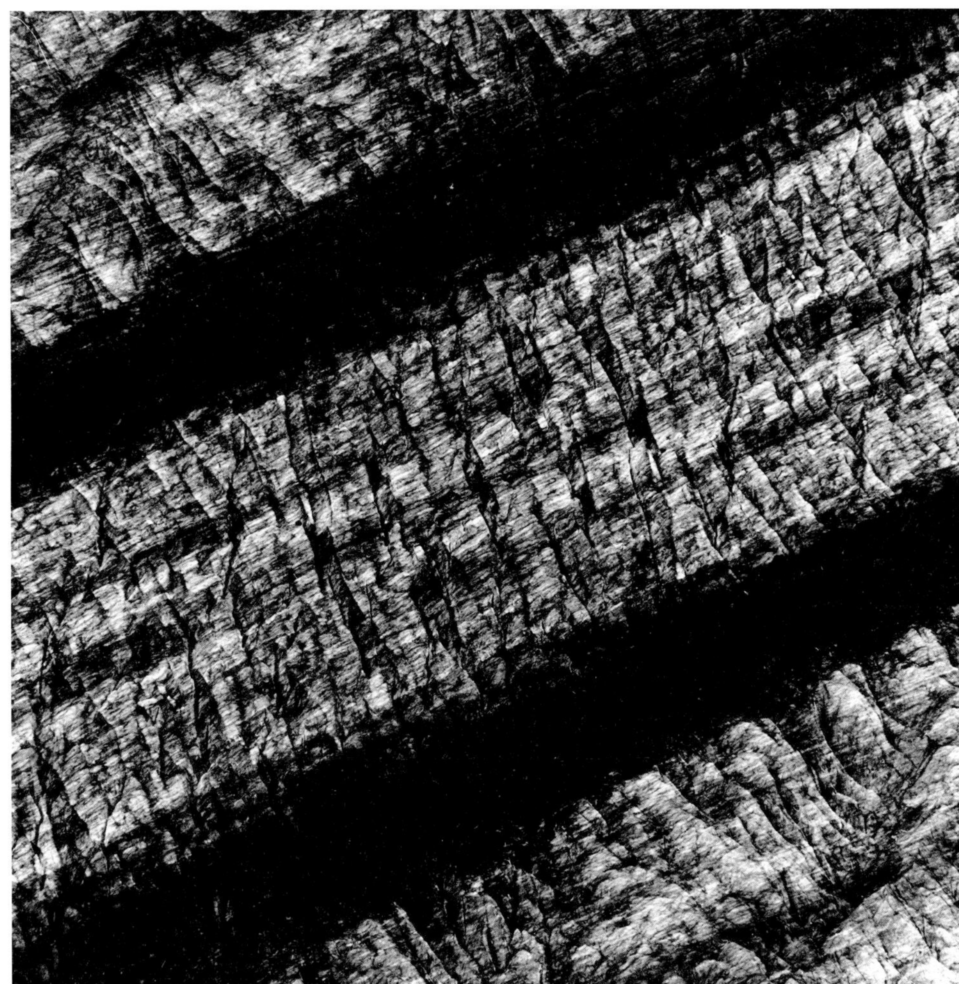

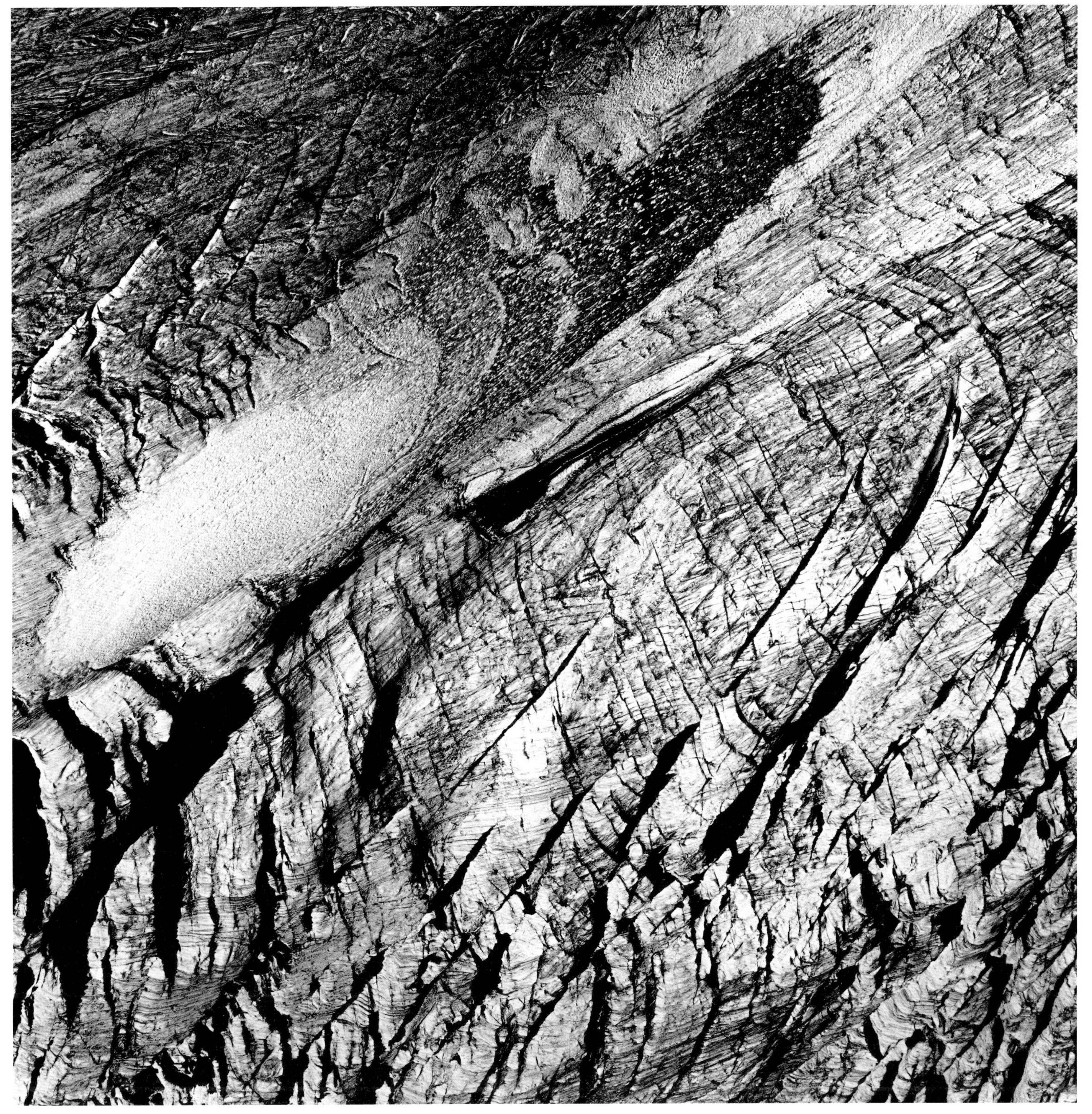

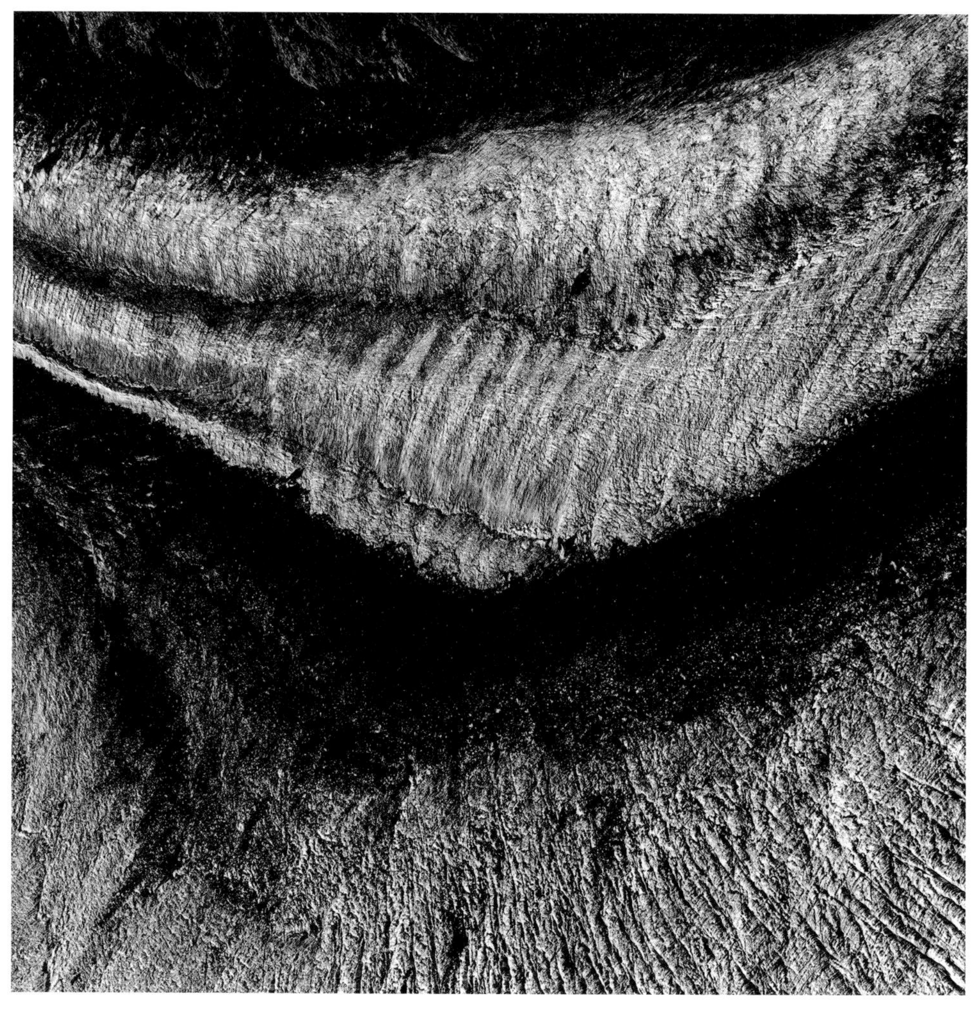

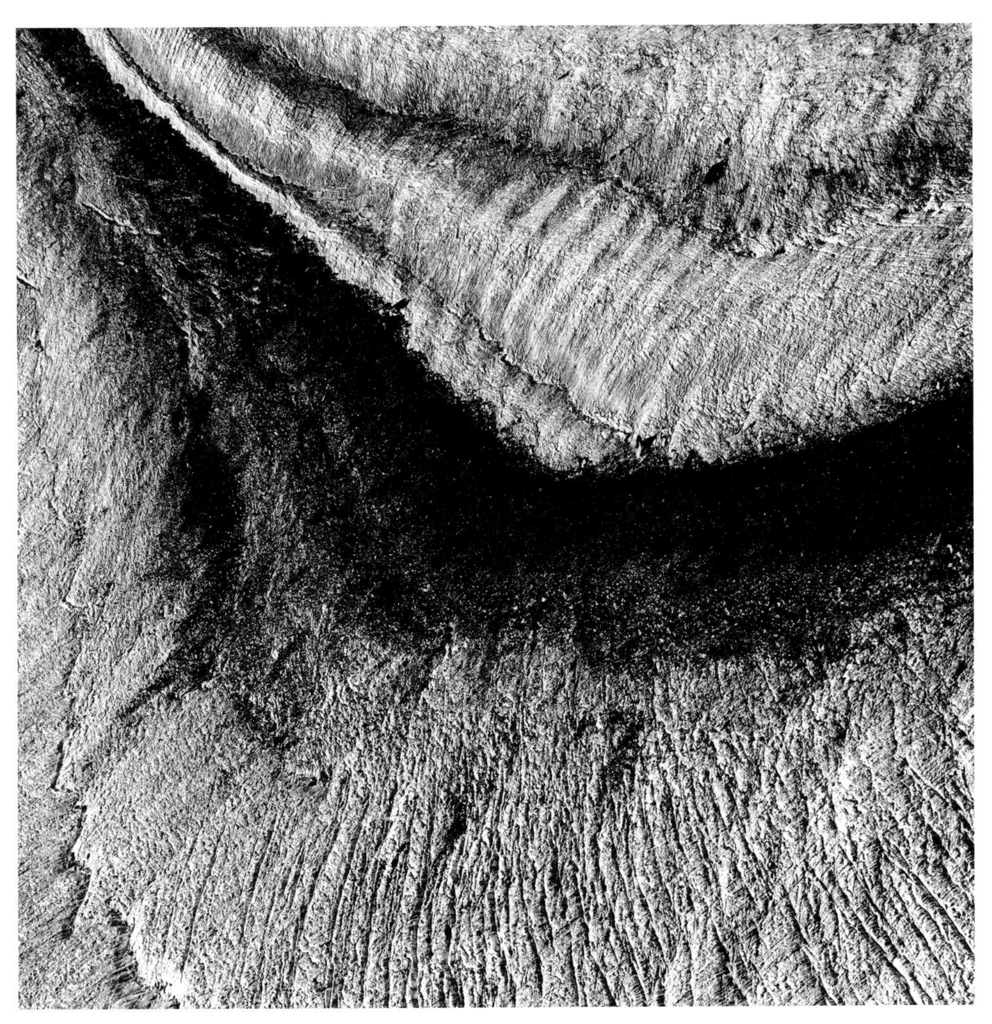

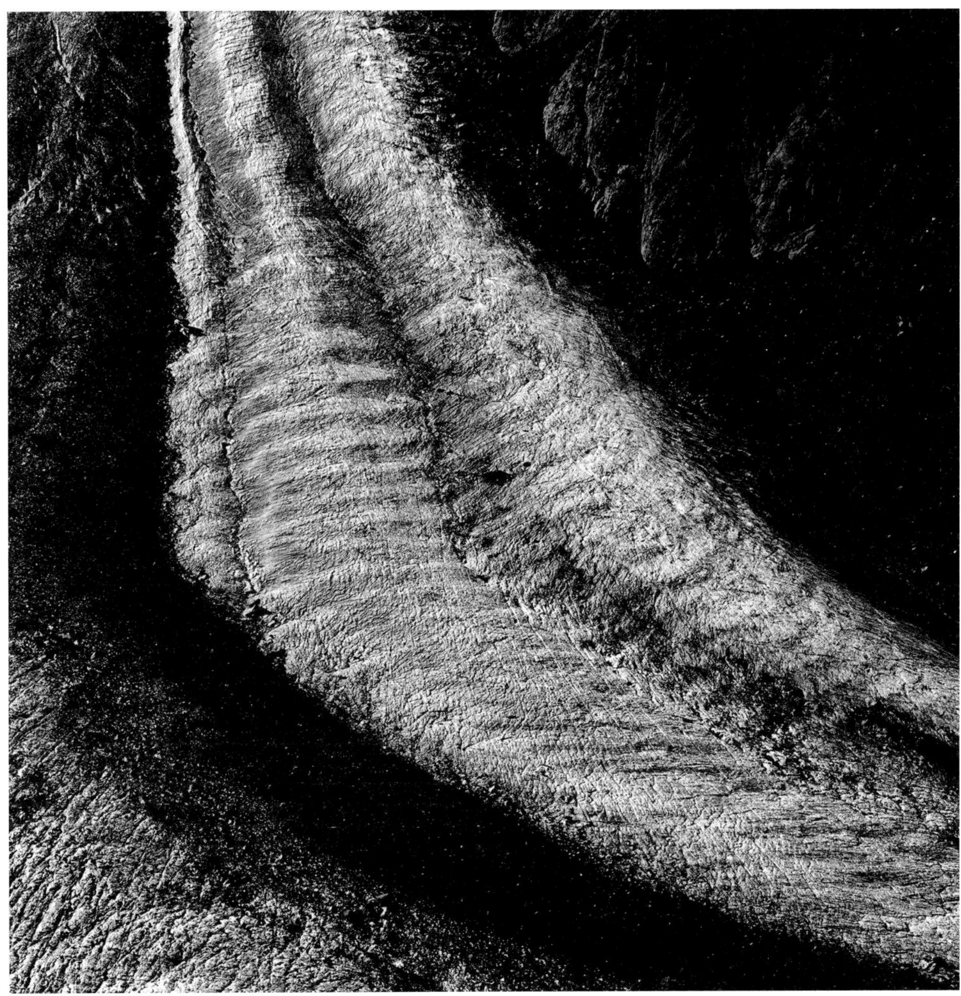

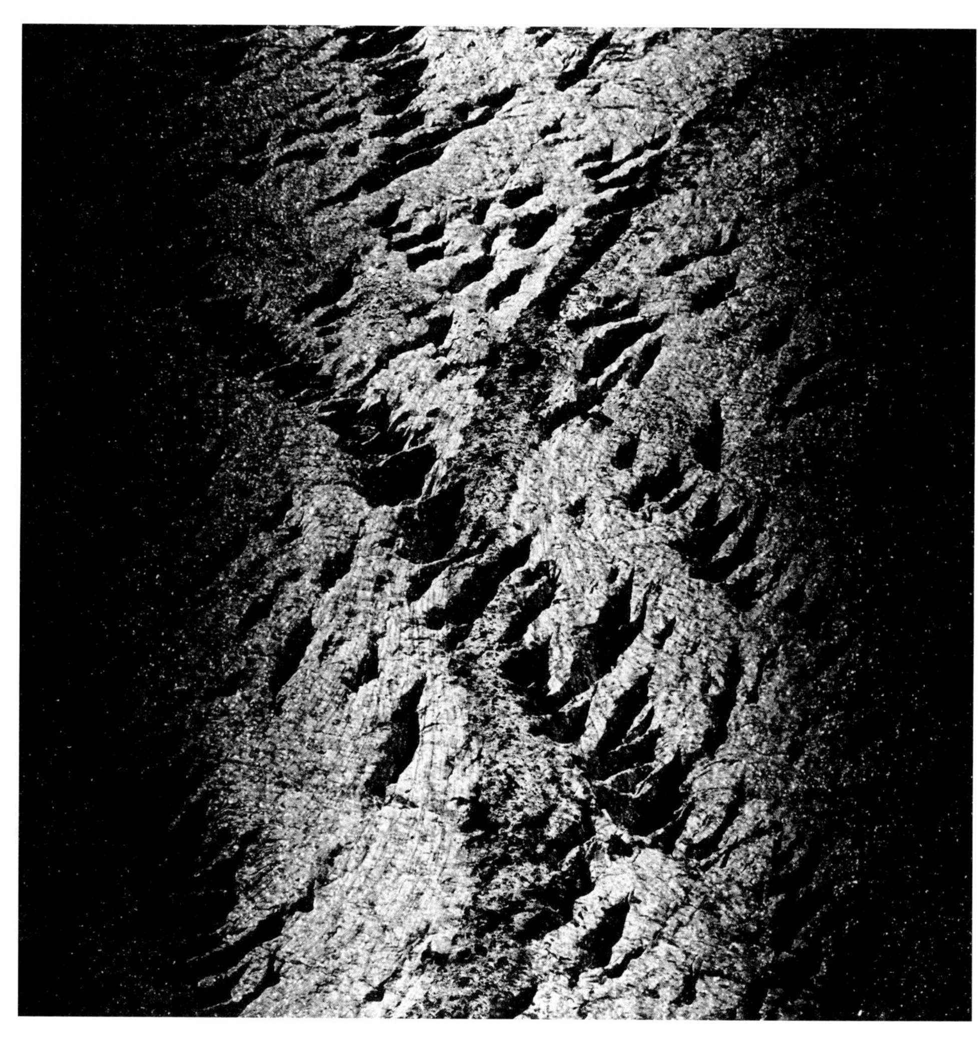

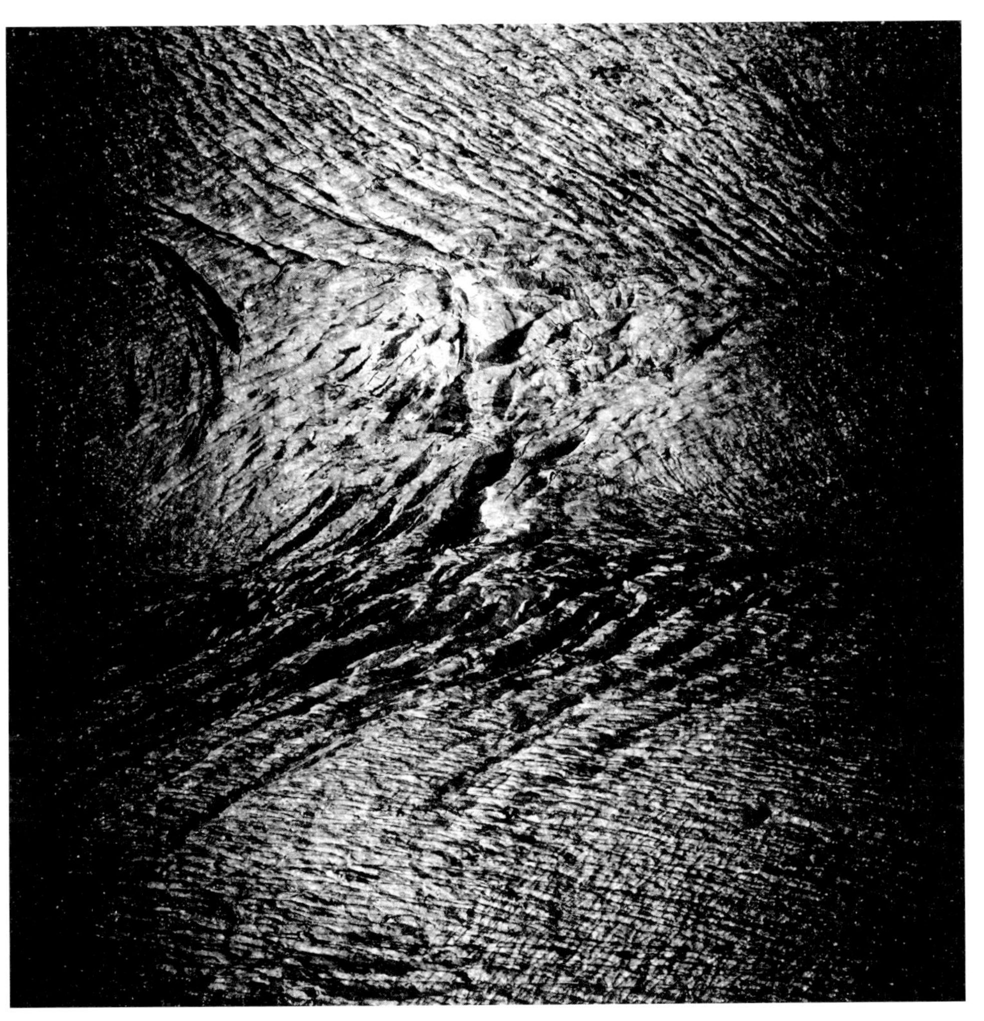

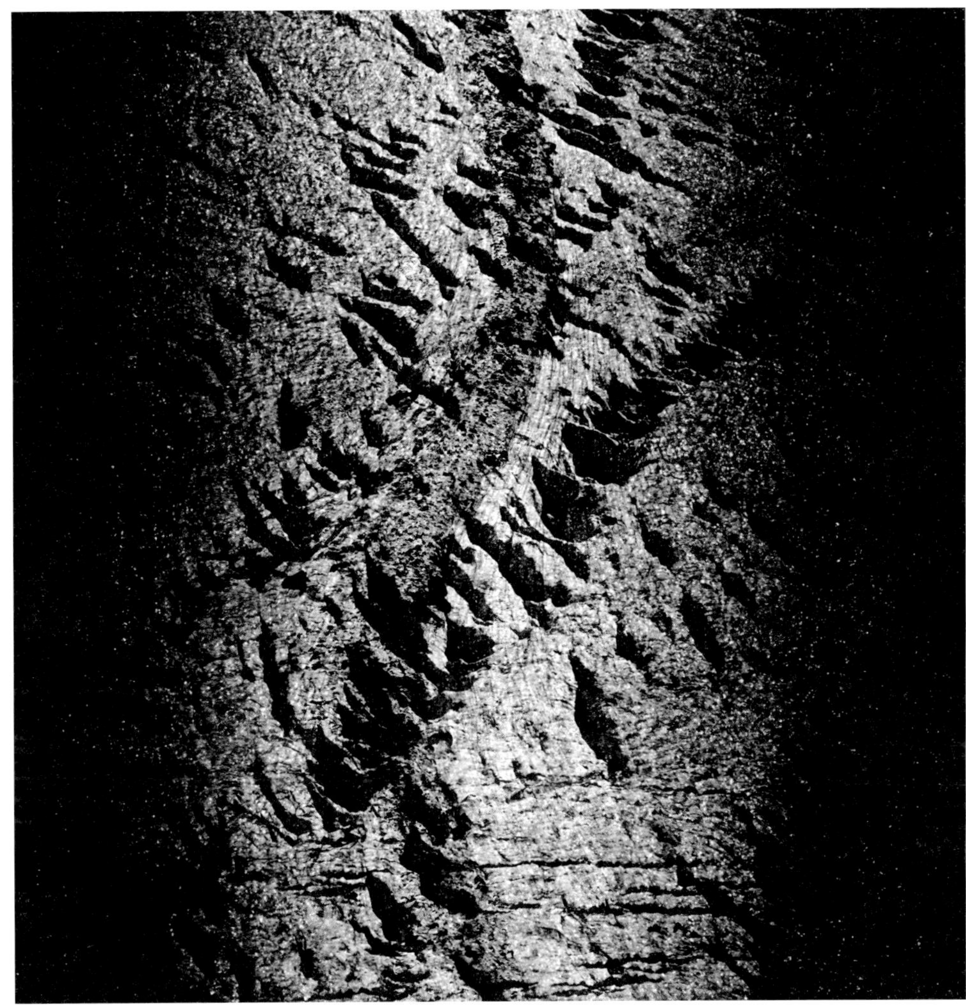

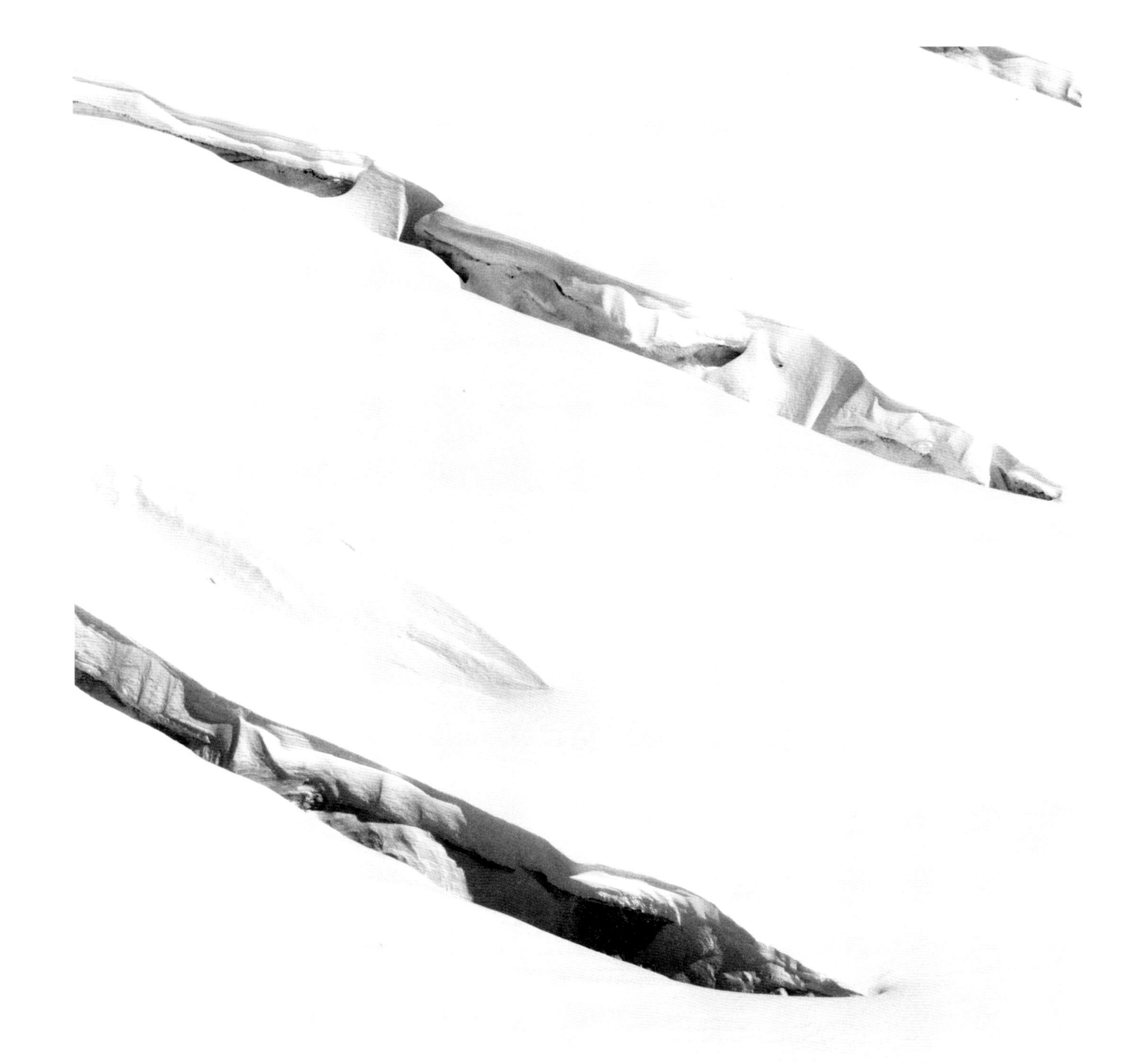

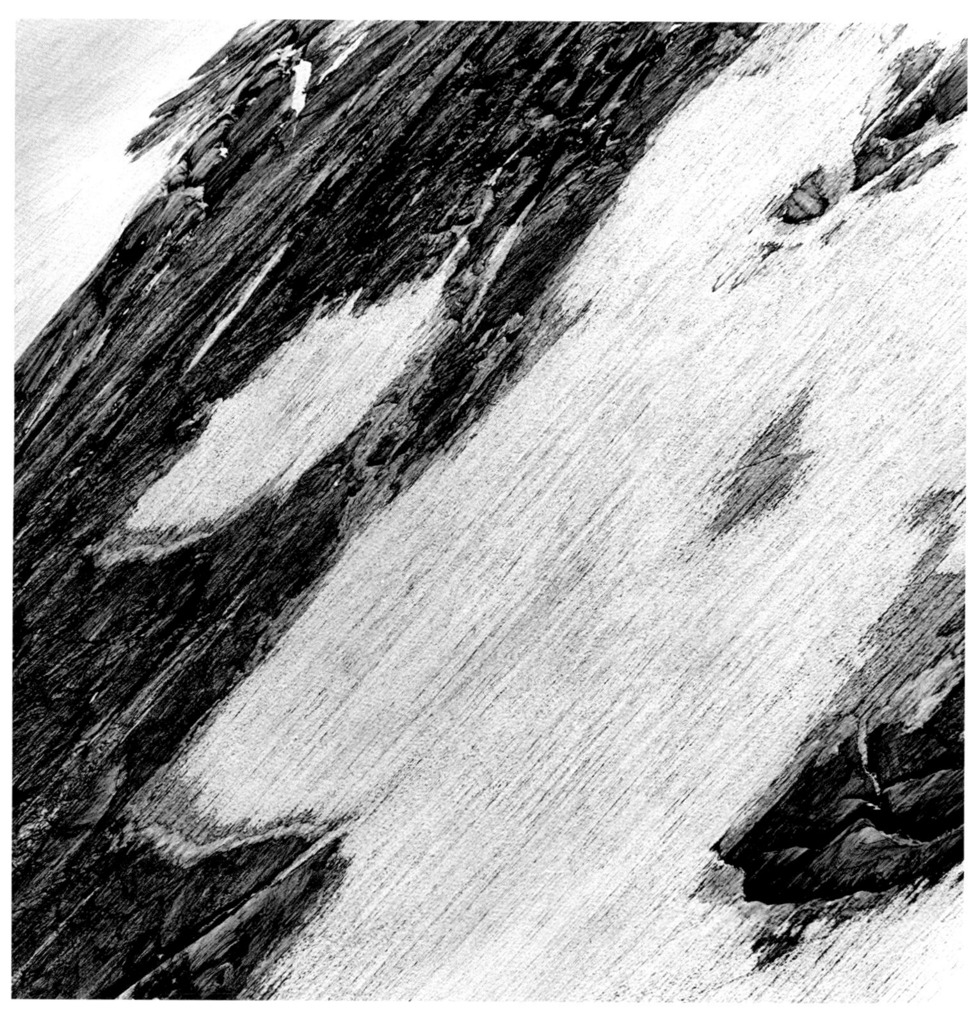

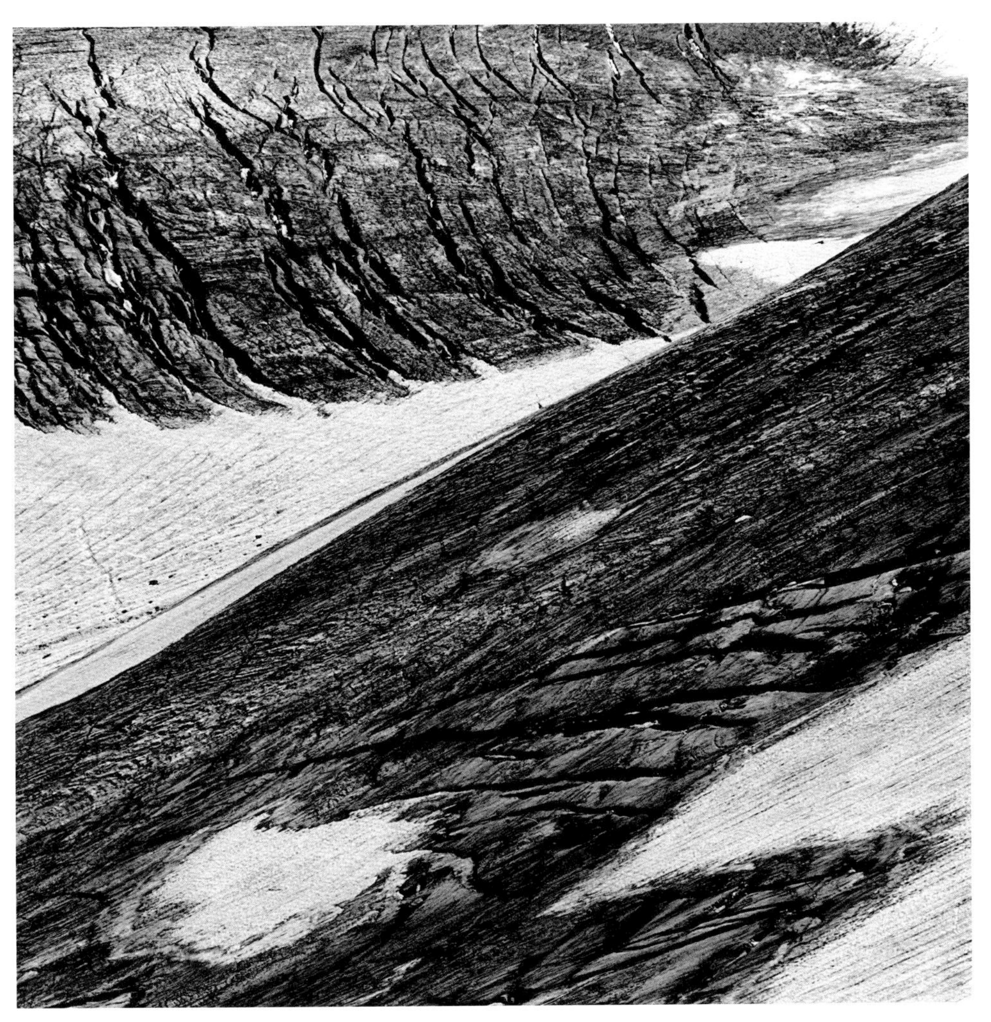

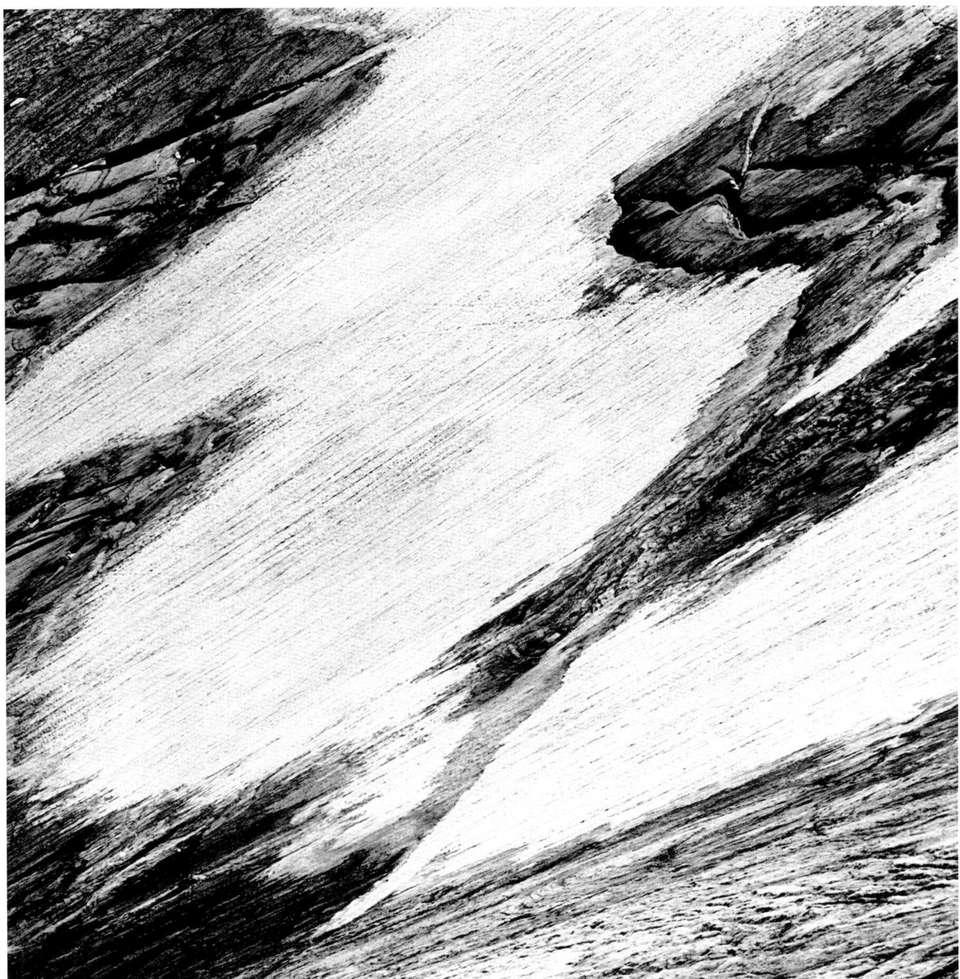

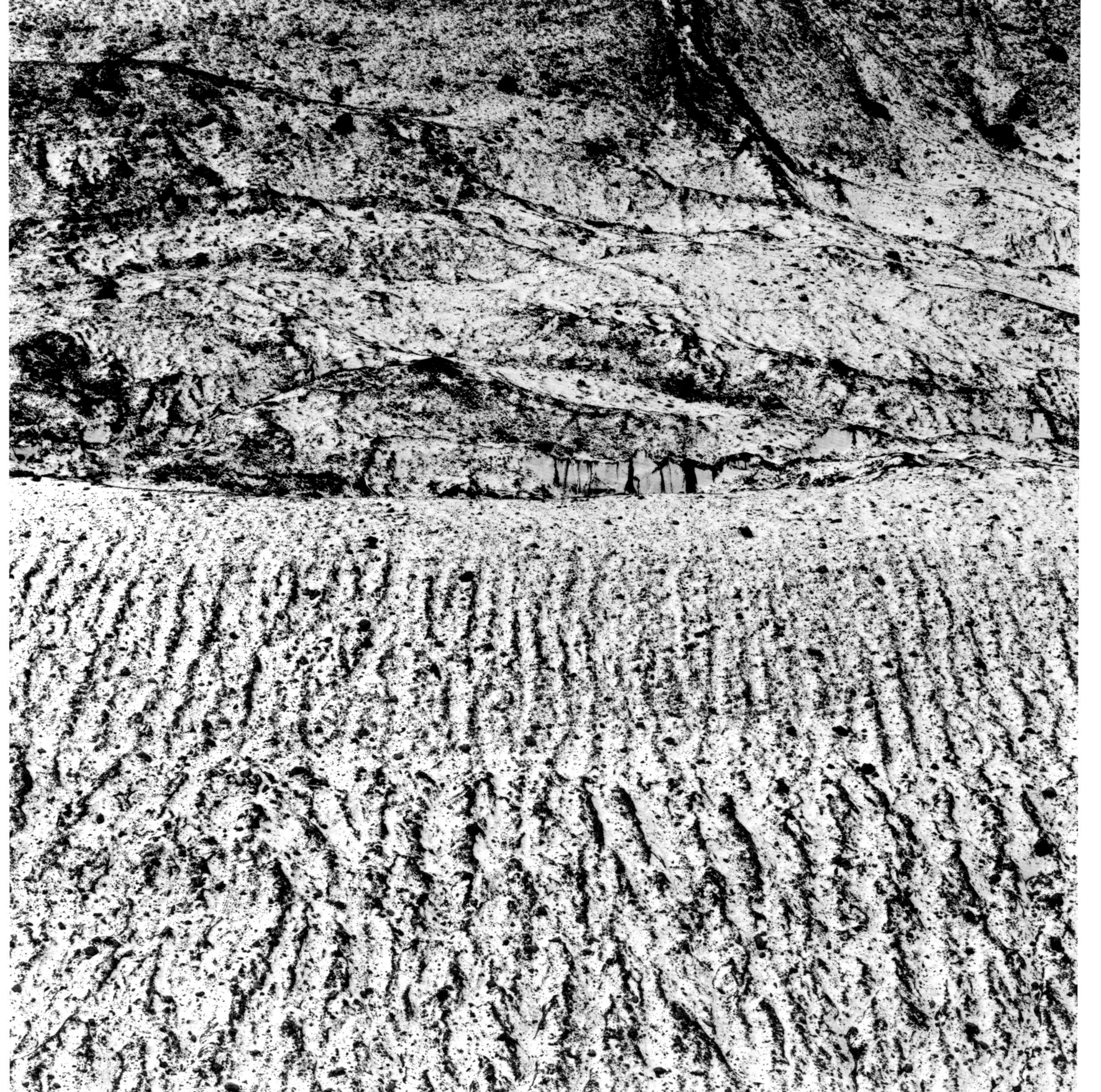

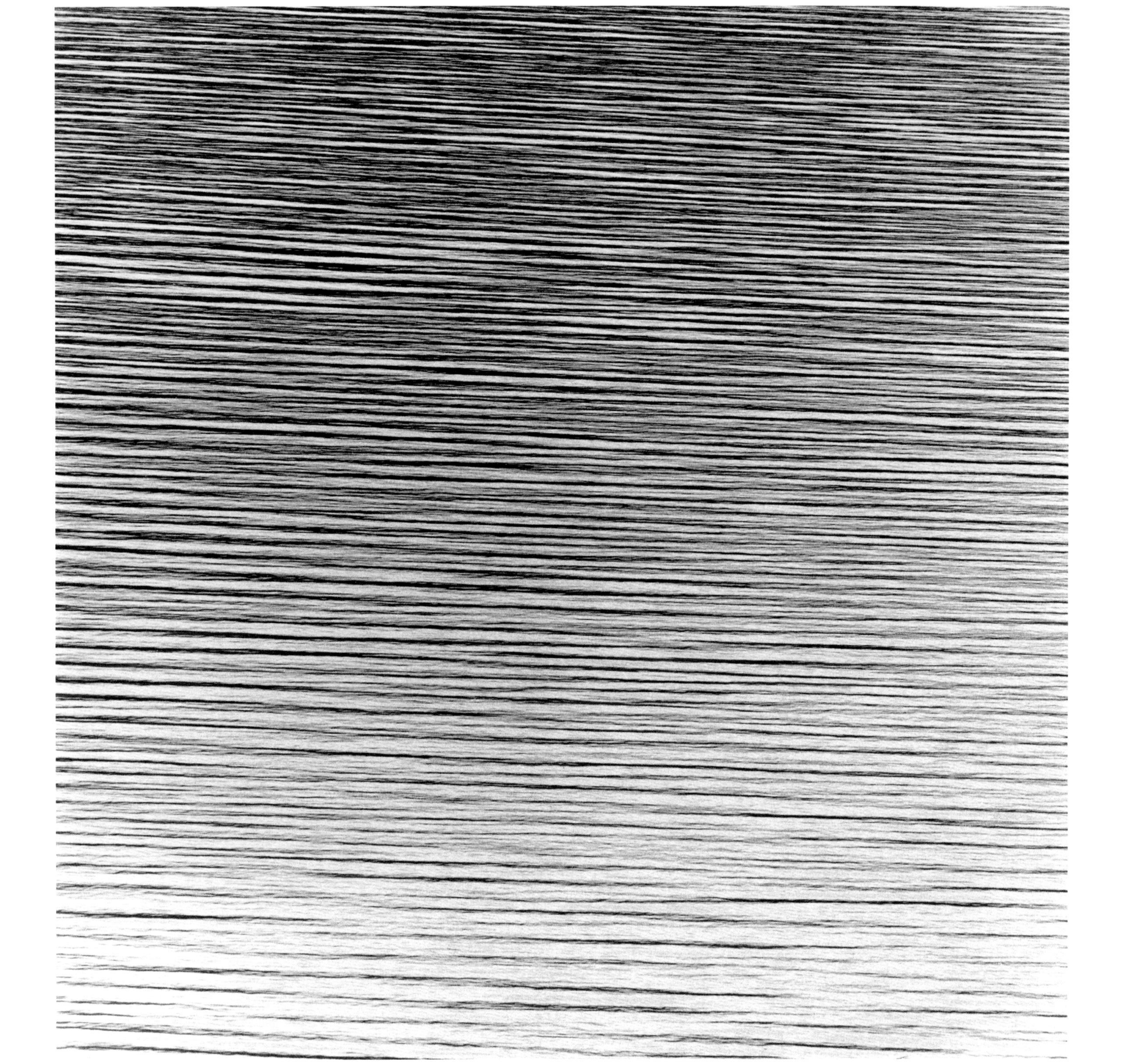

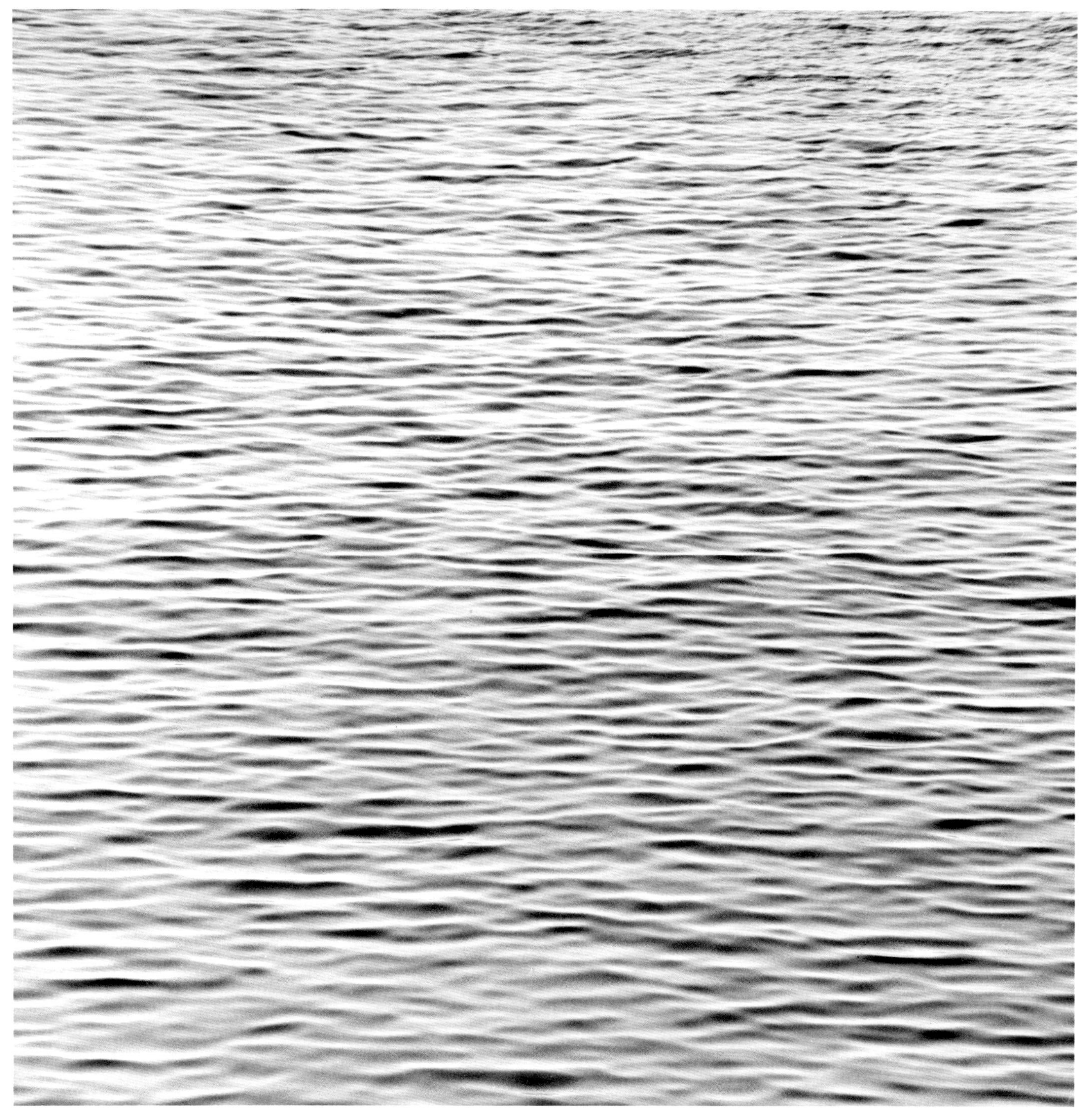

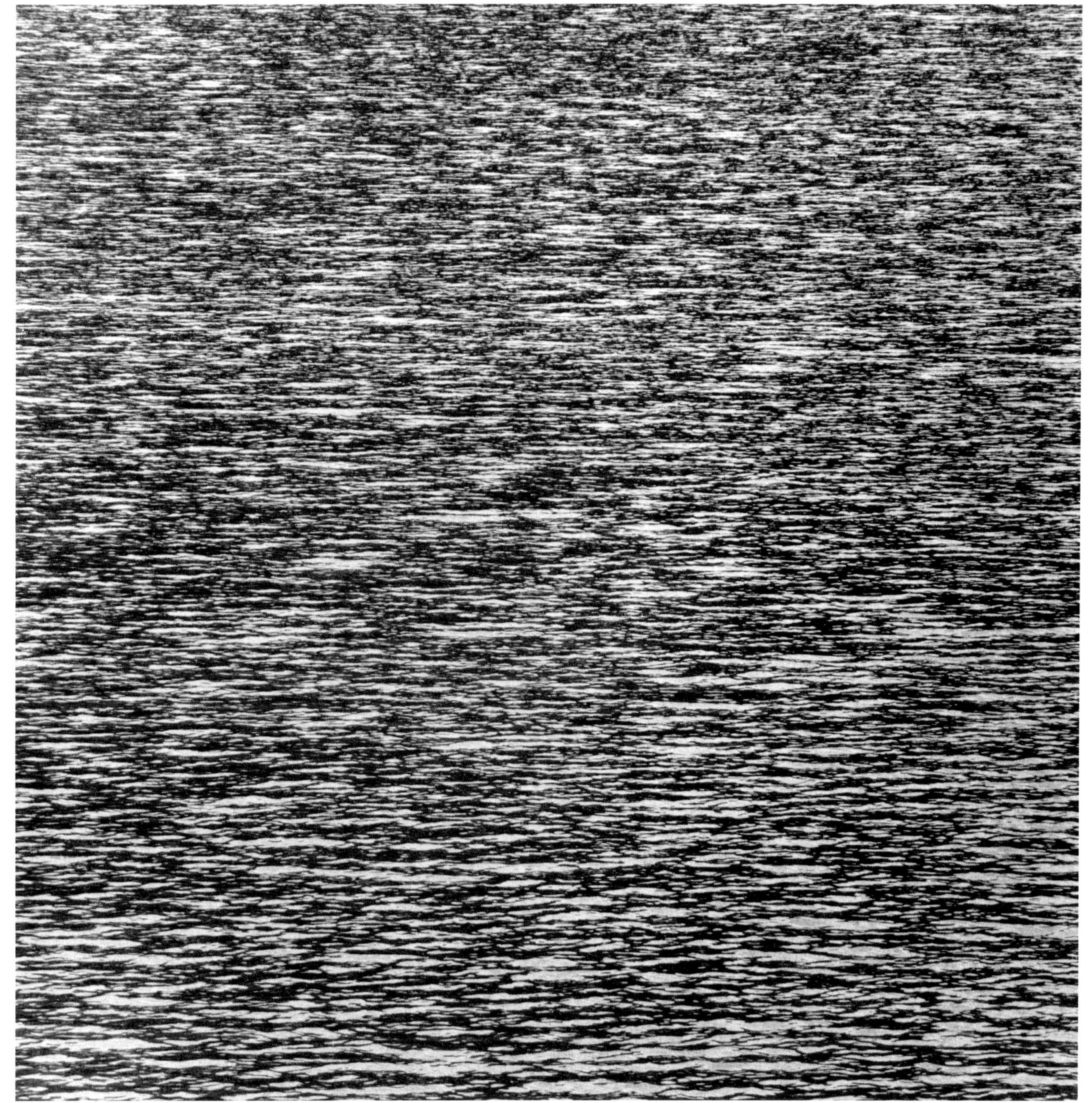

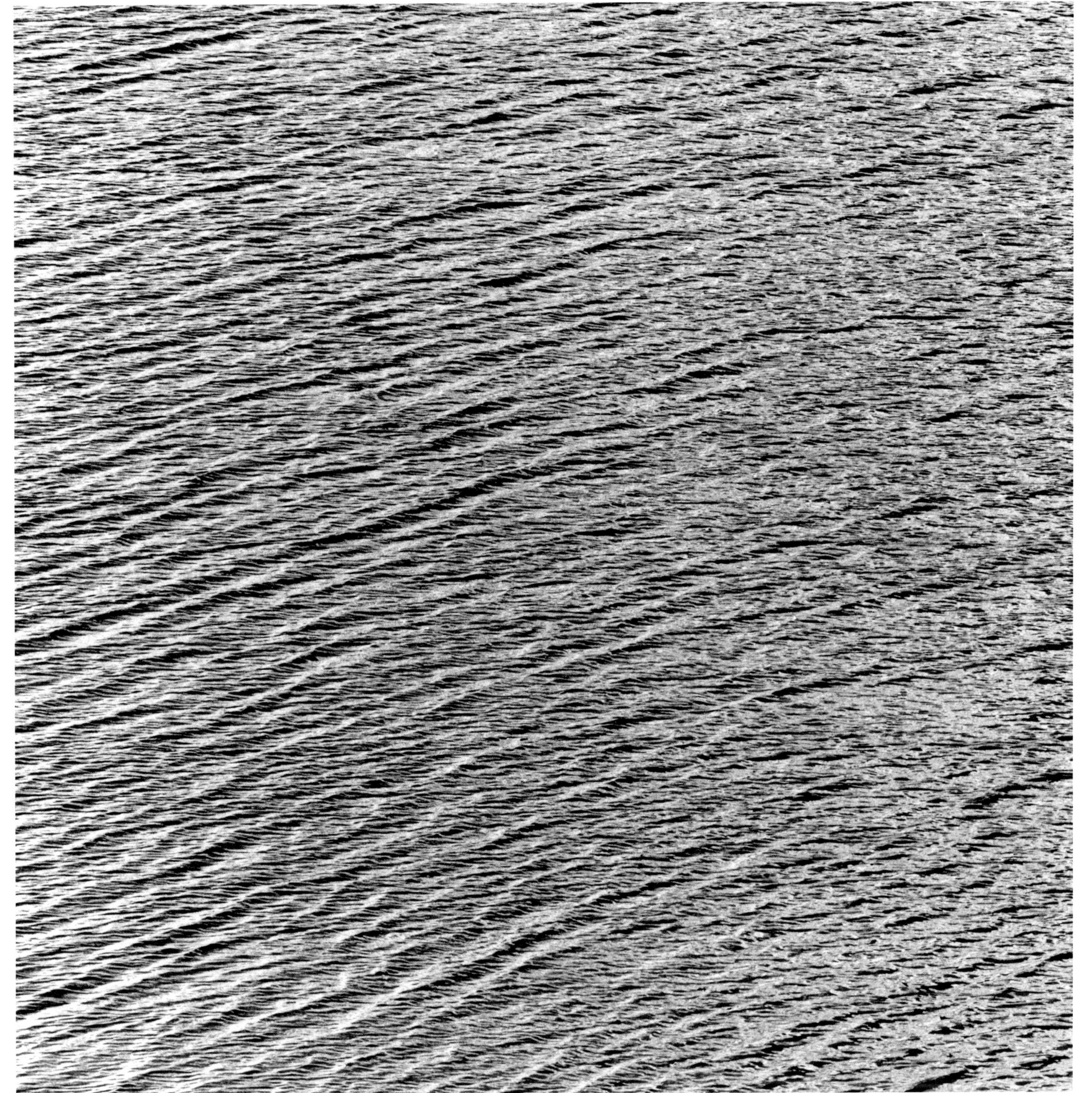

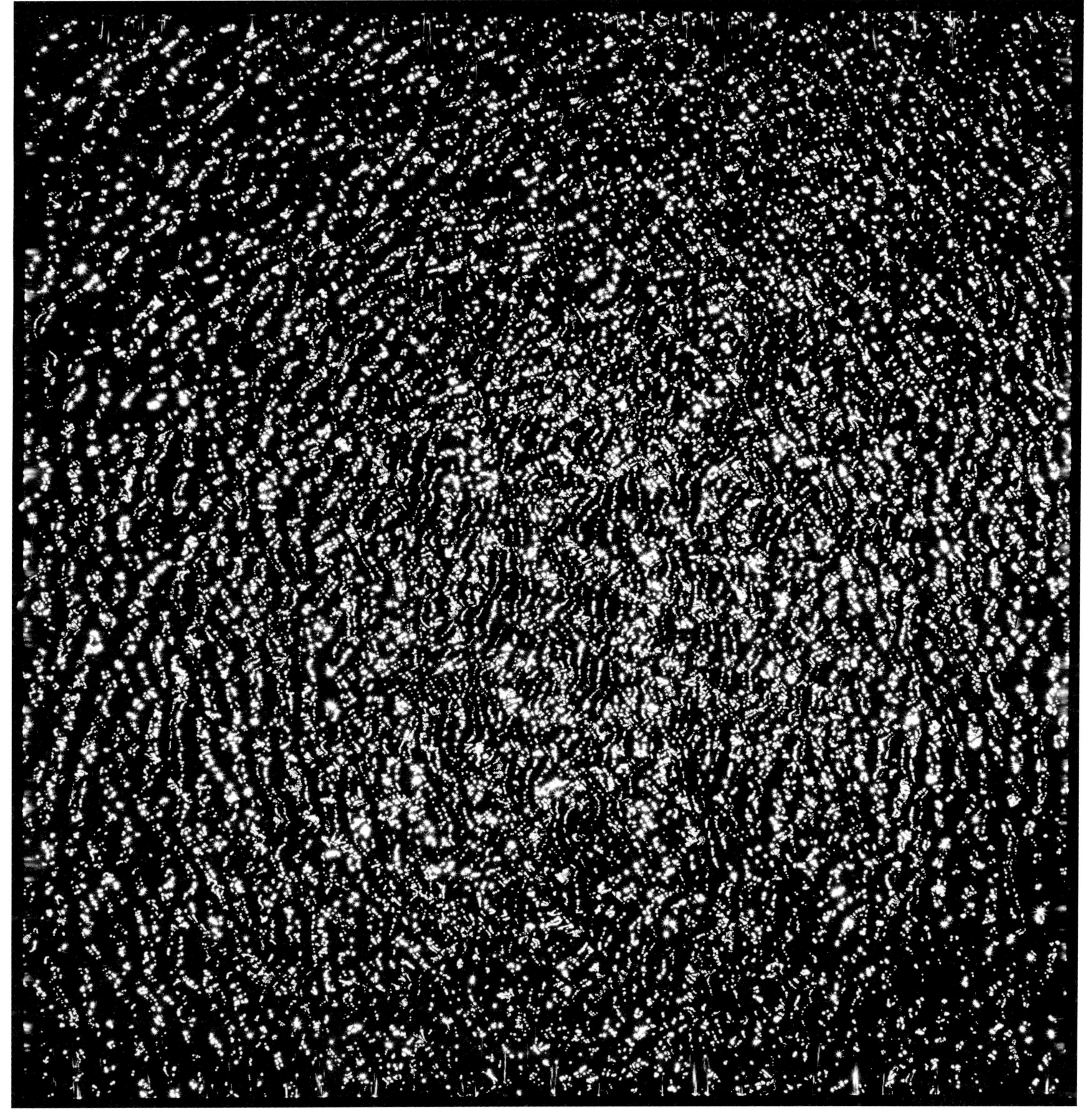

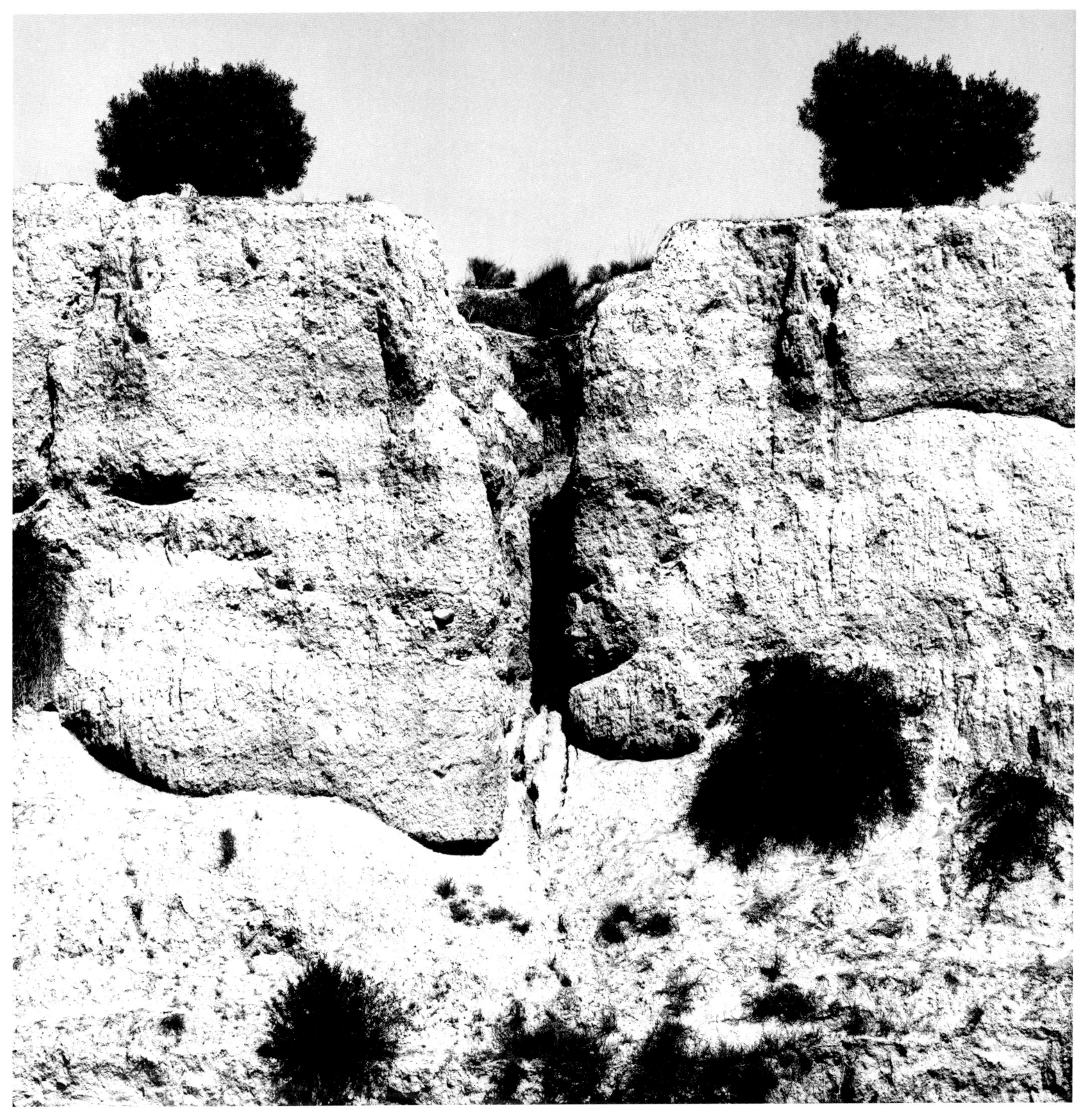

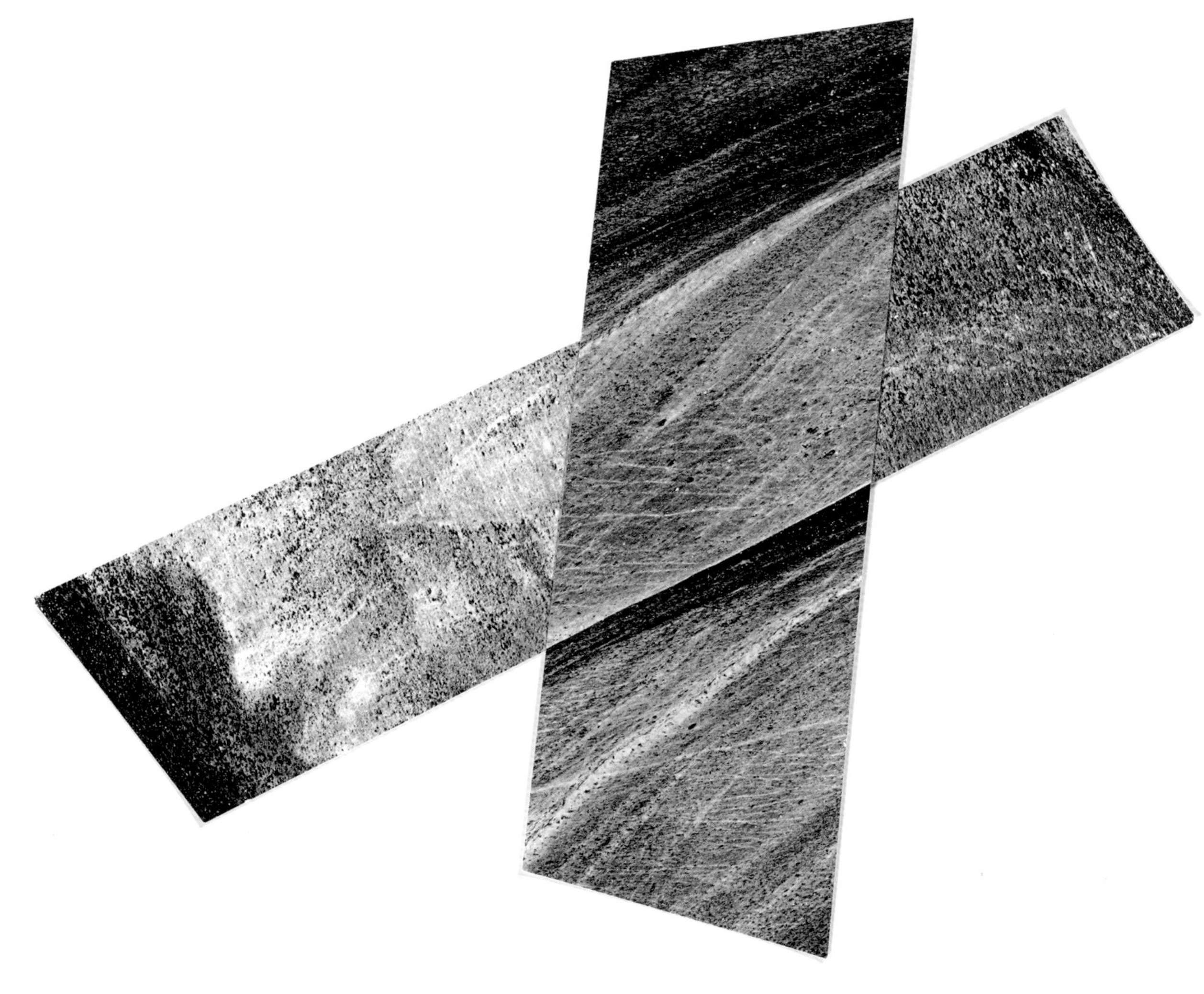

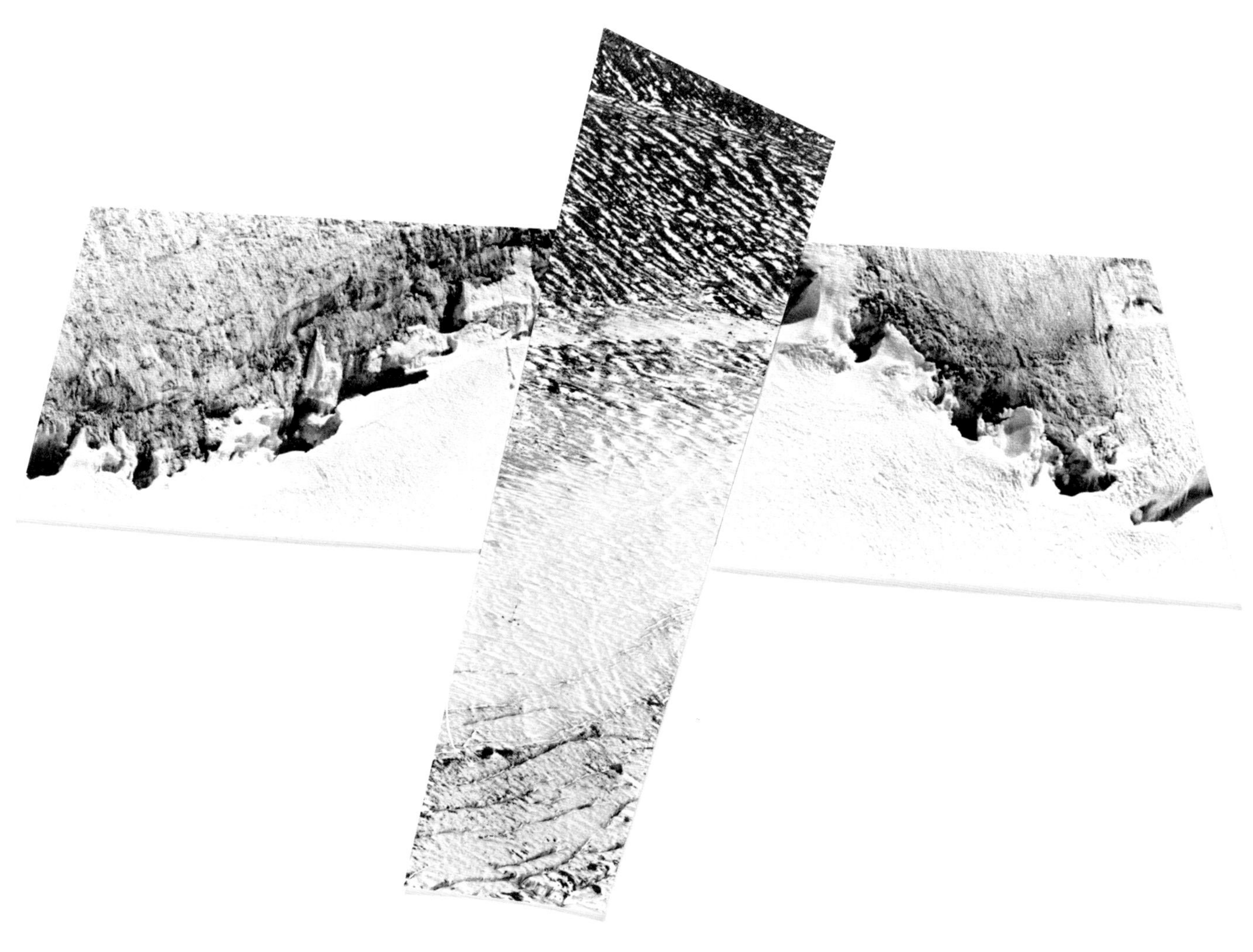

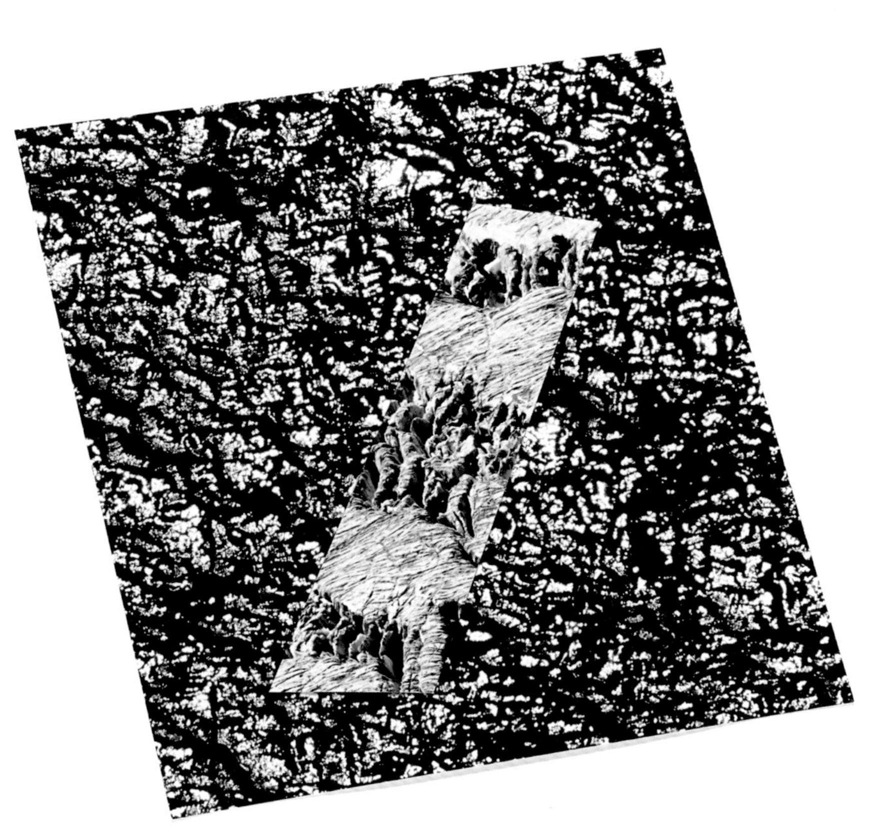

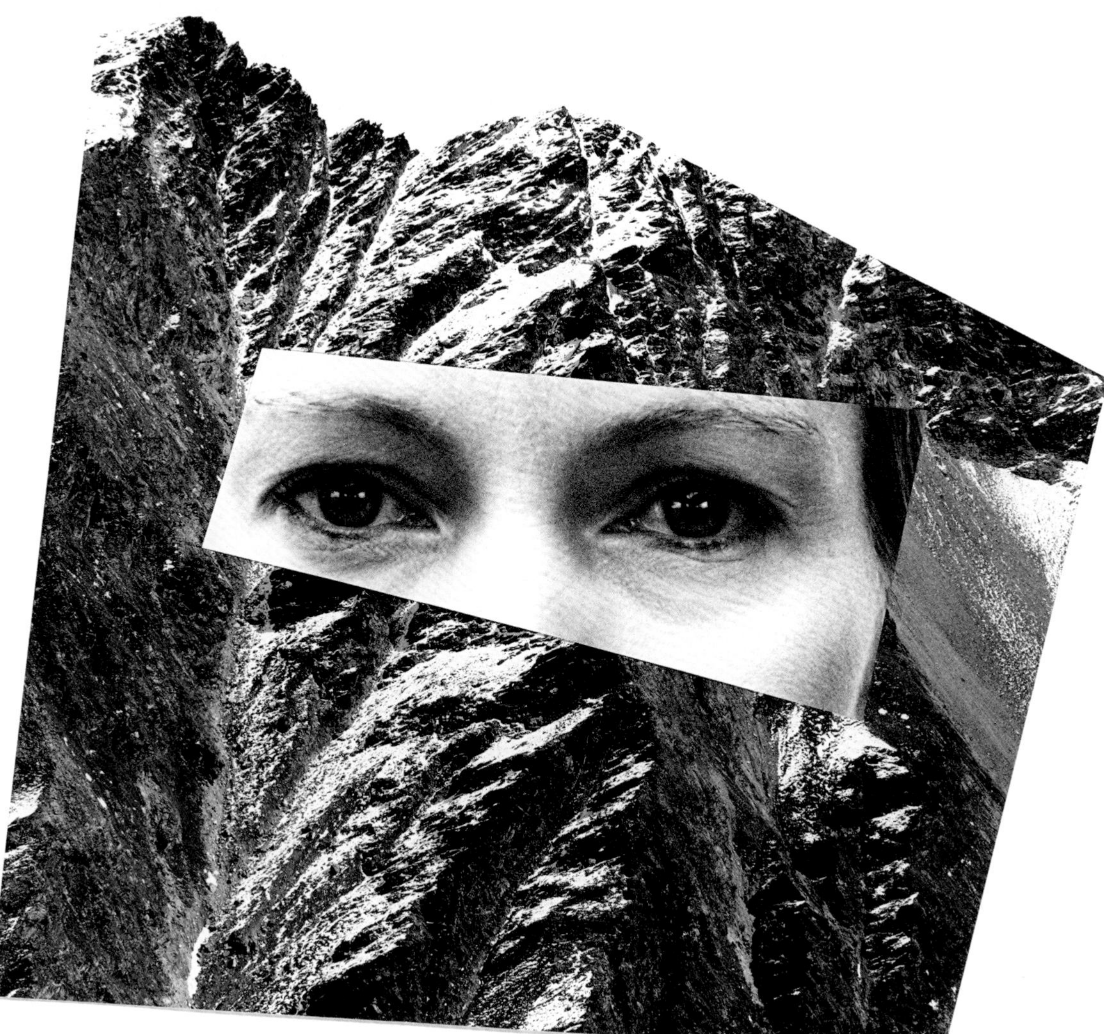

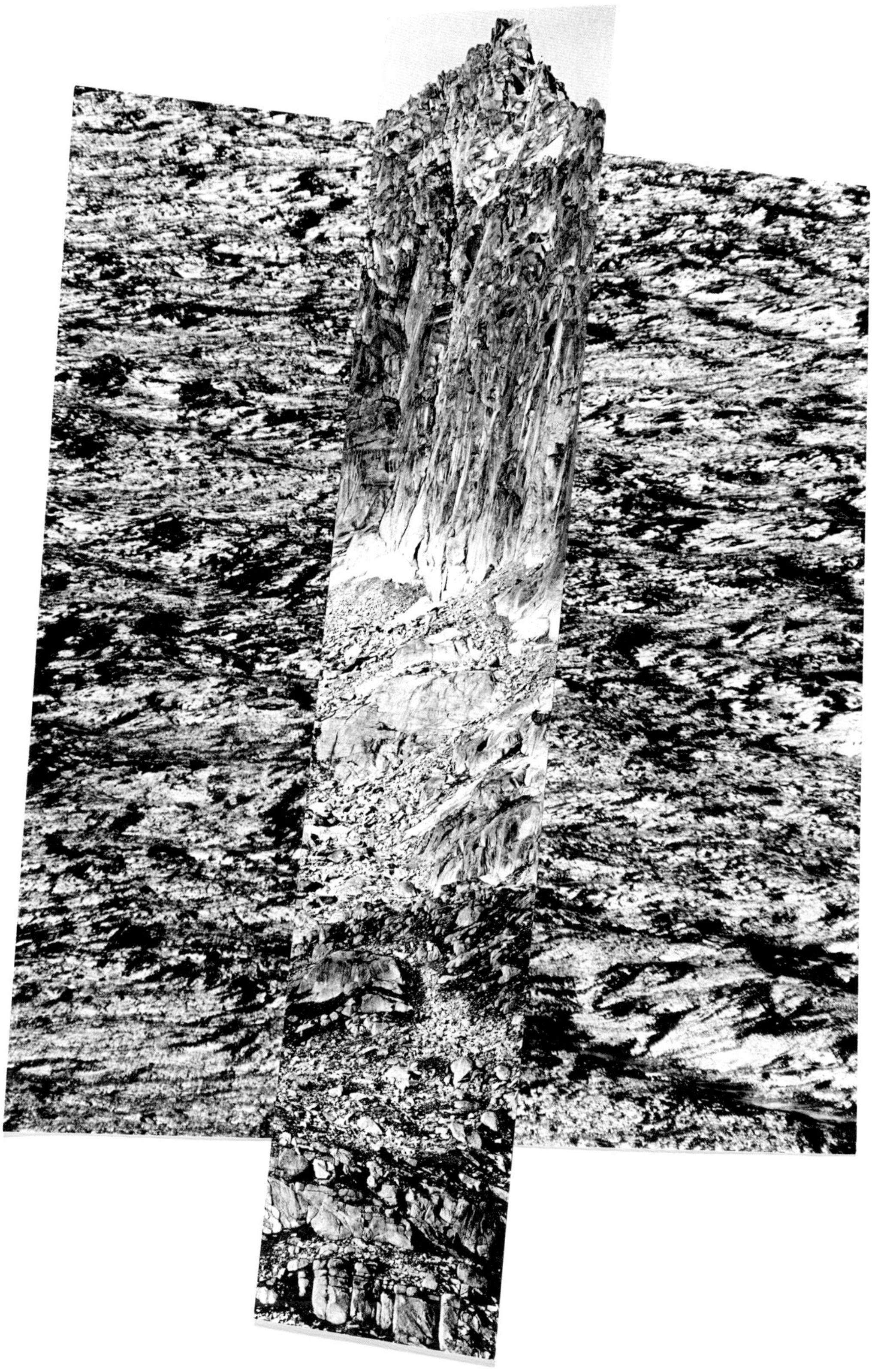

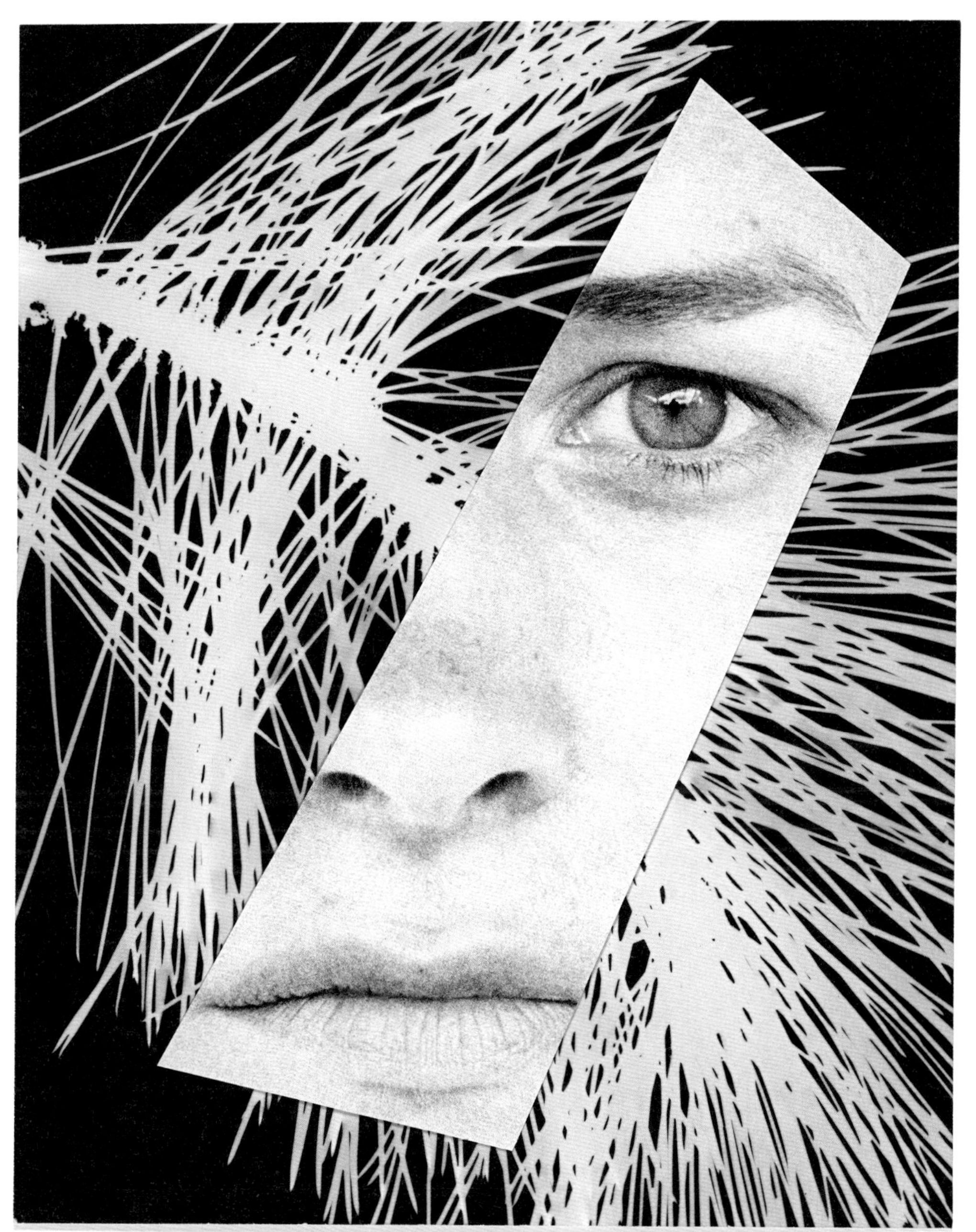

Verzeichnis der Arbeiten / List of Works

Alle Fotografien / All photographs:
Silbergelatine auf Baryt-Papier /
Gelatine silver print on baryta paper

S. / p. 11
Le Glacier, 7.10.2007
46,8 × 46,7 cm (Motiv / Motif), 60 × 50 cm (Blatt / Sheet)

S. / p. 12/13
Le Glacier, 8.9.2005, 46,6 × 46,4 cm (Motiv / Motif)
Le Glacier, 22.9.2021, 46,4 × 46,7 cm (Motiv / Motif)
Le Glacier, 8.9.2005, 46,4 × 46,7 cm (Motiv / Motif)
je / each 60 × 50 cm (Blatt / Sheet)
Triptychon / Triptych

S. / p. 14/15
Le Glacier, 8.9.2005
46,7 × 46,1 cm, 46,6 × 46,1 cm, 46,7 × 46,2 cm
(Motiv / Motif),
je / each 60 × 50 cm (Blatt / Sheet)
Triptychon / Triptych

S. / p. 17
Le Glacier, 9.9.1998
43,7 × 43,8 cm (Motiv / Motif),
60,5 × 50,7 cm (Blatt / Sheet)

S. / p. 18/19
Le Glacier, 31.8.2019
46,5 × 46,5 cm, 46,5 × 46,2 cm, 46,1 × 46,4 cm
(Motiv / Motif)
je / each 60 × 50 cm (Blatt / Sheet)
Triptychon / Triptych

S. / p. 20/21
Le Glacier, 21.9.2021
46,7 × 46,3 cm, 46,6 × 46,1 cm, 46,6 × 46,1 cm (Motiv / Motif)
je / each 60 × 50 cm (Blatt / Sheet)
Triptychon / Triptych

S. / p. 23
Le Glacier, 21.9.2017
47,6 × 47,2 cm (Motiv / Motif), 60 × 50 cm (Blatt / Sheet)

S. / p. 24/25
Le Glacier, 14.9.2021
46,6 × 46,1 cm, 46,6 × 46,1 cm, 46,6 × 46 cm (Motiv / Motif)
je / each 60 × 50 cm (Blatt / Sheet)
Triptychon / Triptych

S. / p. 27
Le Glacier, 26.9.2015
46,8 × 46,9 cm (Motiv / Motif), 59,7 × 50,2 cm (Blatt / Sheet)

S. / p. 29
Seestück, 11.9.2017
47,5 × 47,2 cm (Motiv / Motif)

S. / p. 30
Seestück, 18.9.1981
47× 47 cm (Motiv / Motif)

S. / p. 31
Seestück, 11.9.2017
47,5 × 47,1 cm (Motiv / Motif)

S. / p. 33
Seestück, 26.9.2017
47,5 × 47 cm (Motiv / Motif), 58 × 50,4 cm (Blatt / Sheet)

S. / p. 35
Seestück, 5.10.2015
47 × 47 cm (Motiv / Motif)

S. / p. 37
Landschaft, 20.8.1967
48 × 48 cm (Motiv / Motif)

S. / p. 38
Fragment-Collage (Landschaft, 1987), 2020
19,4 × 23,8 cm

S. / p. 39
Fragment-Collage (Le Glacier, 6.9.1990), 23.11.2021
19,3 × 27,5 cm

S. / p. 40
Fragment-Collage (Seestück, 21.8.1998; Le Glacier, 1998), 23.11.2021
18 × 18,2 cm

Fragment-Collage (Kim-Britt, 17.11.2017; Fels, 1998), 2020
48,5 × 47 cm

S. / p. 41
Fragment-Collage (Seestück, 18.9.1981; Fels, 30.10.2001), 2021
32,2 × 20,7 cm

S. / p. 43
Fragment-Collage (Lisa M., 31.5.2019; Sig-Natur, 2020), 5.5.2020
25,2 × 20,2 cm

DETLEF ORLOPP

*1937
in Elbing (ehemals genannt Westpreußen / former named West Prussia)

1973–2000
Professor für Fotografie/Film / for Photography/Film,
Fachhochschule Niederrhein, Krefeld

1961
Lehrauftrag / Teaching Appointment, Werkkunstschule Krefeld

1959–1960
Werkmeister / Master Workman, Folkwangschule für Gestaltung Essen

1956–1959
Studied at Staatliche Werkkunstschule Saarbrücken bei / with Otto Steinert

1955
Staatliche Höhere Fachschule für Photographie, Köln / Cologne

Einzelausstellungen / Solo Exhibitions (Auswahl / Selection)

2020 *Detlef Orlopp – Fragments*, Parrotta Contemporary Art, Köln/Bonn
2019 *Nr. 2/2019 Detlef Orlopp* (mit / with James Hugonin), Galerie Hoffmann Görbelheimer Mühle, Friedberg/Hessen
2015 *Detlef Orlopp. Nur die Nähe – auch die Ferne*, Museum Folkwang, Essen; Ostdeutsche Galerie, Regensburg (2016)
2014 *Im Licht des Gletschers*, Parrotta Contemporary Art, Stuttgart
2012 *staunend sehen. Detlef Orlopp mit Hartmut Böhm*, Galerie Hoffmann, Görbelheimer Mühle, Friedberg/Hessen
2010 *Detlef Orlopp und Penti Sammallahti*, Galerie Albrecht, Berlin
2009 *Detlef Orlopp – Dieses Licht dort – Fotografien 2001–2007*, Epson Kunstbetrieb, Düsseldorf (2007); Epson Galerie Digigraphie, Zingst (2015) (K/C)
2007 *Detlef Orlopp*, Forum für Fotografie, Köln
Detlef Orlopp – Retrospektive, Alfred Ehrhardt Stiftung und / and Forum für Fotografie, Köln (Künstlerbuch / Artist Book)
1997 Galerie Karsten Greve, Mailand
1990 *Photographie – Photographie – Photographie*, Galerie Karsten Greve, Köln/Paris (K/C)
1985 *Detlef Orlopp. Fotografien*, Galerie St. Johann, Saarbrücken
1984 Galerie Lüpke, Frankfurt am Main
1983 Benteler Galleries, Houston, Texas, USA
1977 *Jorden – 1 Berg*, Studio Galleri Engström, Stockholm, SE
1976 Art Museum, Lahti
Galerie Karsten Greve, Köln (K/C)
1975 Apenrade, Denmark, DK (K/C)
1974 Kaiser Wilhelm Museum, Krefeld (K/C)
1973 Galerie Möllenhof und Greve, Köln
Galerie de la Photographie de la Bibliothèque Nationale, Paris
1971 Galerie S-Press, Hattingen
1970 PEN-Club, Ljubljana
1969 Städtischer Kunstpavillon, Soest
1968 Galerie Nohl, Siegen (K/C)
Galerie der Staatlichen Landesbildstelle Hamburg
1967 Studiengalerie, Technische Hochschule Stuttgart
1966 Staatsbad-Galerie Salzuflen
1965 Junge Galerie, Kassel
Jac Eyck, Heerlen, NL
1964 Galerie Küppers, Köln
Städtische Galerie Haus Seel, Siegen

1963 *foto's von detlef orlopp gdl*, De Ploeg, Bergeijk, NL
1962 Werkkunstschule Krefeld
1960 Galerie Ruth Nohl, Siegen
1957 *Schwarz-Weiss, foto-grafik*, mit / with Reinhold Köhler, Galerie Ruth Nohl, Siegen

Gruppenausstellungen / Group Exhibitions (Auswahl / Selection)

2023 *Black and White, Works from the Collection*, Bibliothèque nationale de France, Paris
Erde. Verwobenes Leben, Kunststiftung DZ Bank, Frankfurt am Main
2020 *Fotografie in Westdeutschland*, Museum im Kulturspeicher, Würzburg (K/C)
Subjekt und Objekt. Foto Rhein Ruhr, Kunsthalle Düsseldorf (K/C)
2019 *From the Rocket to the Moon*, Parrotta Contemporary Art, Köln/Bonn
2018 *Curators Choice, Curators Showing a Favorite Work*, Galerie Springer Berlin
Insights / The Poetry of Silence, Photofairs San Francisco, USA
Das Blaue Land, Kunststiftung Petra Benteler, Murnau (K/C)
2017 *Bewegung im Bild – Die informelle Malerei trifft auf die Geste in der Fotografie*, Märkisches Museum, Witten; Kunststiftung DZ Bank, Frankfurt am Main
2015 *Idee der Landschaft*, Kunststiftung DZ Bank, Frankfurt am Main (K/C)
2013 *Dialog über Grenzen – Die Sammlung Riese,* Kunstforum Ostdeutsche Galerie, Regensburg (K/C)
Farbe Form Fotografie Fläche, Art Foyer der Kunststiftung DZ Bank, Frankfurt am Main (K/C)
2012 *Dialog über Grenzen – Kunst aus Ost und West in der Sammlung Riese*, Die Lübecker Museen/Kunsthalle Sankt Annen
Hartmut Böhm mit Detlef Orlopp, Edition + Galerie Hoffmann, Friedberg
Staunend Sehen, Edition + Galerie Hoffmann & Co, Friedberg
Angermuseum Erfurt
Schloss Achberg, Achberg
2011 *Dialog über Grenzen – Die Sammlung Riese*, Leopold-Hoesch-Museum, Düren
Hans-Peter Riese Collection – Dialogue Across Borders, Gask, Kutná Hora, Prag / Prague
2007 *Die Zweite Avantgarde – Das Forum Kassel 1972–1982*, Kunstmuseum Halle/Saale (K/C)
2003 *Surface Redressée*, Donation Mario Prassinos, Saint-Rémy-de-Provence
2001 *Schupmann Collection – Fotografie in Deutschland nach 1945*, Museum für *Photographie, Braunschweig*; Kunstverein Rüsselsheim; Stadtmuseum Münster (K/C)
1999 *Das Versprechen der Fotografie. Die Sammlung der DG Bank*, Tokio, Hannover, Paris, Berlin (K/C)
Ansichten Vom Künstler – Fotografische Portraits seit 1945, Museum Bad Arolsen
1997 *Deutsche Fotografie. Macht eines Mediums. 1870–1970*, Kunst- und Ausstellungshalle der Bundesrepublik Deutschland, Bonn (K/C)
1995 *A Europa e o Mar*, Encontros da Imagem, Braga, PRT
Durchröntgen, Remscheid (K/C)
Medium-Fotografie, De Tiendschuur Weert, NL (K/C)
1994 *Avantgarde in Siegen, Die Galerie Nohl 1957–1968*, Kunstverein Siegen (K/C)
1988 *Fotovision – Projekt Fotografie nach 150 Jahren*, Sprengel Museum Hannover; Kunstraum im Messepalast, Wien; Museum für Gestaltung, Zürich (K/C)
1987 *Photographie 1945–85*, Museum für Kunst und Gewerbe, Hamburg (K/C)
1985 *Westdeutscher Künstlerbund*, Karl Ernst Osthaus Museum, Hagen
1984 *Bildräume*, Karl Ernst Osthaus Museum, Hagen (K/C)
La photographie créative, Bibliothèque nationale de France, Paris (K/C)
1983 *Frieden, Ein Wort (...)*, Galerie für Photographie, Braunschweig; Kunstverein Wolfsburg; Museum für Moderne Kunst, Goslar; Kunstverein Göttingen (K/C)
Galerie Karsten Greve, Köln
1982 *La Fotografie Tedesca Dopo il 1945*, Goethe-Institut, Rom
1981 *Photography Europe I*, Benteler Galleries, Houston, Texas (K/C)
1979 *Deutsche Fotografie nach 1945*, Kunstverein Kassel; Kunstmuseum Hannover, PPS-Galerie Hamburg; Overbeck-Gesellschaft Lübeck; Kunstverein Wolfsburg (K/C)
1977 *Künstlerische Fotografie*, Saarlandmuseum, Saarbrücken (K/C)
Eröffnungsausstellung des / Opening Exhibition of the Centre Georges Pompidou, Paris
1975 *Fotografie 1929–1975*, Württembergischer Kunstverein, Stuttgart
Photography as Art/Art as Photography, Chalon-sur-Saone und / and Kassel (K/C)
1972 Galerie Toni Gerber Bern
1965 *GDL-Ausstellung*, Institut für neue technische Form, Darmstadt; Haus am Lützowplatz Berlin; Kunstverein Mannheim; Museum für Kunst und Gewerbe, Hamburg
1959 *Subjektive Fotografie 3*, Palais des Beaux-Arts Brussels
1958 *Subvjektive Fotografie 3*, Photokina, Köln
Das Selbstportrait des Fotografen, Photokina, Köln
1957 *Fotografie als Uitdrukkingsmiddel*, Stedelijk van Abbe-Museum, Eindhoven; Gemeentemuseum Arnheim (K/C)
Konkretes und Abstraktes, Kunsthalle Darmstadt (K/C)
Exposition Internationale de Photographie, Images Inventées, Brussels; La Haye und / and Städtisches Museum Morsbroich Leverkusen
International Exhibition of Modern Photography, Värmlands Museum Karlstad

K/C = Katalog / Catalogue

Bibliografie / Bibliography (Auswahl / Selection)

2022 Christina Irrgang: Durch Fotografie denken – Christina Irrgang und Detlef Orlopp im Gespräch. Argobooks
Andreas Platthaus: Zur See, auf See, über See. Frankfurter Allgemeine Zeitung, 12.8.2022

2019 Judith Elisabeth Weiss, Herbert Kopp-Oberstebrink: Detlef Orlopp. Die Erde: ein immerwährendes Sagen – Über Erkenntnisprozesse des Auges und die Zeichenhaftigkeit der Landschaft. Kunstforum, Band 258, S. / pp. 176–183

2018 FOTOFINISH, Tafel 55, DZ Bank
LAND_Scope, S. / pp. 106–107, DZ Bank

2016 Markus Woeller: Hier hat selbst das Grau keinen Platz mehr. Die Welt, 19.4.2016
Sabine Reithmaier: Furchen und Falten im Gesicht der Erde, Süddeutsche Zeitung, 9.4.2016
Raoul Schrott: ERSTE ERDE EPOS, Lichtzeichnungen – Detlev Orloff. S. / pp. 129–140, Carl Hanser Verlag. München

2017 Freddy Langer: Das Wesen des Wassers. Frankfurter Allgemeine Zeitung, 14.2.2017

2015 Detlef Orlopp, Nur die Nähe – auch die Ferne. Museum Folkwang Essen, Steidl Verlag, Göttingen
Freddy Langer: In weiter Ferne, so nah. Frankfurter Allgemeine Zeitung, 19.2.2015
Christoph Schaden: Ein anderer Weg. Photonews, März 2015

2009 T. O. Immisch: ... Der Bilder schweigendes Sein. Dieses Licht dort. Detlef Orlopp – Photographie 2001–2007. Ausst.-Kat. Epson Kunstbetrieb, Düsseldorf

2008 Anne Kotzan: Gesichter wie Glas. Detlef Orlopp-Portfolio. Photo International 5/2008, S. / pp. 48–57

2007 Hans-Peter Riese: Ein Meer aus Strichen. Detlef Orlopps abstrakte Landschaftsfotografien in Köln. Frankfurter Allgemeine Zeitung, 14.2.2007
Christoph Schaden: Sehen heißt Seinlassen. Zum 70. Geburtstag von Detlef Orlopp. Photonews 2/2007. S. / p. 6
Christiane Stahl: Detlef Orlopp – Eintauchen in die Stille. Künstlerbuch, Alfred Ehrhardt Stiftung, Köln

2002 Die Kunst der abstrakten Fotografie. Hrsg. v. Gottfried Jäger, Stuttgart, S. / pp. 232–233
Claudia Bulk: Prestel-Lexikon der Fotografen. Hrsg. v. Reinhold Misselbeack, München, S. / pp. 183–184

1994 Fotogalerie Detlef Orlopp. In: Werk und Zeit – Perspektiven 2 – Beiträge zur Zukunft der Moderne. Neue Landschaft. Deutscher Werkbund e. V. Frankfurt am Main, Dezember 1994, S. 120–127

1990 Michael Köhler: Detlef Orlopp. Galerie Karsten Greve, Köln und Paris, Artis, September

1990 Angelika Heinick: Die Natur im Quadrat. Frankfurter Allgemeine Zeitung, 4.8.1990
Miriam Rosen: Detlef Orlopp bei Galerie Karsten Greve, Paris. Artforum International 11/1990
Peter Weiermeier: Konkrete Photographie. Ausst.-Kat. Galerie Karsten Greve, Köln/Paris
Ulrich Lehmann: Abbild und Abstraktion. Ausst.-Kat. Galerie Karsten Greve, Köln/Paris

1988 Heinz Spielmann: Contemporary Photographers. Chicago/London, S. / pp. 779–780
Gottfried Jäger: Bildgebende Fotografie, Köln, S. / p. 51
Fotovision – Projekt Fotografie nach 150 Jahren. Ausst.-Kat. Sprengel Museum Hannover, S. / pp. 108–109

1987 Photographie 1945–1985. Ausst.-Kat. Museum für Kunst und Gewerbe, Hamburg

1981 Jörg Kirchbaum: Lexikon der Fotografen. Frankfurt am Main, S. / p. 143

1980 Rolf Sachsse: Seestücke. Professional Camera 5/1980, S. / pp. 59–65

1979 Petra Benteler: Deutsche Fotografie nach 1945. Ausst.-Kat. Fotoforum Kassel, S. / pp. 92–95

1977 Zweitschrift 3/1977, S. / p. 105

1976 Klaus Honnef: 150 Jahre Fotografie II. Kunstforum 18/1976, S. / pp. 93–103
Zweitschrift, Neue Musik. 2/1976, S. / pp. 33–35
Peter Nim: Kommentare zu Orlopp. Der Sehweg – Der Sehgang – Das Sehstück. Ausst.-Kat. Galerie Karsten Greve, Köln
Helmut Heissenbüttel: Klappentext für Detlef Orlopp. Ausst.-Kat. Galerie Karsten Greve, Köln

1975 Floris M. Neusüss: Photography as Art/Art as Photography. Ausst.-Kat. Fotoforum Kassel, S. / pp. 118–119
John Anthony Thwaites: Detlef Orlopp. Photographien. Nordische Landschaften und Andere. Ausst.-Kat. Kulturausschuss des BdN und Büchereizentrale, Apenrade

1974 Gisela Fiedler, Peter Nim: Detlef Orlopp. Photographien 1961–1974. Ausst.-Kat. Kaiser Wilhelm Museum, Krefeld

1973 Galerie de Photographie de la Bibliothèque nationale de France, Paris

1969 Udo Kultermann: Neue Formen des Bildes, Tübingen, S. / p. 227

1968 Helmut Heissenbüttel: Anmerkungen zu Photos von Detlef Orlopp. Ausst.-Kat. Galerie Nohl, Siegen

1965 Helmut Heissenbüttel: Detlef Orlopp und die Fotografie. Fotoprisma 10/1965, S. / pp. 506–513

1964 Max Burchartz, Reinhold Koehler, John Anthony Thawites: Die Fotografie als Bild. Zu den Fotos von Detlef Orlopp. Notizen für junge Menschen, Kassel, 5/1964

1961 Selbstportraits. Hrsg. v. Otto Steinert, Gütersloh, S. / p. 51

1960 Das Deutsche Lichtbild, S. / pp. 29, 41, 55, 104, 105, 111

1959 Camera 3, S. / p. 14

Dieser Katalog erscheint anlässlich der Ausstellung /
This catalogue has been published to accompany the exhibition

Detlef Orlopp
Überall splittern unsre Gesichtszüge
partout nos traits éclatent

Kunstverein Heilbronn
24. Februar – 5. Mai 2024 / 24 February – 5 May, 2024

Übersetzungen / Translations: Susie Hondl
Grafischer Entwurf / Graphic design: Kühle und Mozer, Köln
Lithografie / Lithography: Farbanalyse, Köln

Herstellung / Production:
Snoeck Verlagsgesellschaft mbH, Postfach 130217, 50496 Köln, www.snoeck.de

ISBN 978-3-86442-434-2
Printed in Germany

Kunstverein Heilbronn / Kunsthalle Vogelmann
Allee 28, 74072 Heilbronn, www.kunstverein-heilbronn.de

Der Kunstverein Heilbronn dankt Bettina Haiss für ihren engagierten kuratorischen Einsatz und Lena Mozer für die Gestaltung der Publikation. / Kunstverein Heilbronn sincerely thanks Bettina Haiss for her dedicated curatorial work, and Lena Mozer for the design of the publication.

Dank für Unterstützung / Kindly supported by

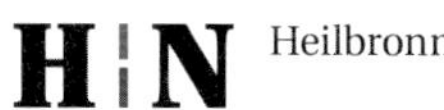

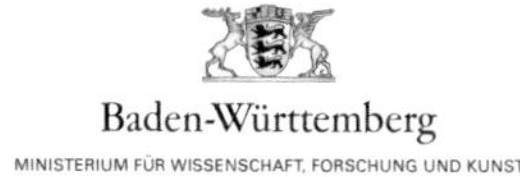